U0562928

上 海 家 长 学 校
家 庭 教 育 指 导 丛 书

相旭东　主编

学习管理
与家庭教育

张竹林　编著

上海人民出版社　上海远东出版社

图书在版编目(CIP)数据

学习管理与家庭教育/张竹林编著.—上海：上海远东出版社,2021
(家庭教育指导丛书/相旭东主编)
ISBN 978 - 7 - 5476 - 1717 - 5

Ⅰ.①学… Ⅱ.①张… Ⅲ.①家庭教育 Ⅳ.①G78

中国版本图书馆 CIP 数据核字(2021)第 125501 号

责任编辑 祁东城
封面设计 李 廉

本书由上海开放大学家庭教育教材开发与出版项目资助出版

家庭教育指导丛书
学习管理与家庭教育
张竹林 编著

出 版 **上海远东出版社**
      (200235 中国上海市钦州南路 81 号)
发 行 上海人民出版社发行中心
印 刷 上海信老印刷厂
开 本 890×1240 1/32
印 张 7.25
字 数 122,000
版 次 2021 年 7 月第 1 版
印 次 2021 年 7 月第 1 次印刷
ISBN 978 - 7 - 5476 - 1717 - 5/G · 1103
定 价 48.00 元

家庭教育指导丛书

编委会名单

主　　　任	王伯军
副　主　任	王松华　江伟鸣　姚爱芳
编委会成员	张东平　蒋中华　徐文清　王　芳　祝燕国
	赵双成　吴　燕　毕玉龙　钱　滨　王　欢
	应一也　张　令　陆晓春　朱　斌　叶柯挺
丛书主编	相旭东
本册主编	张竹林
本册作者	张竹林　张　静　相旭东　陈　珊　施建英

总序

　　"谁言寸草心,报得三春晖。"孟郊在一千两百多年前,就一语道出家庭养育的真谛。寸草之心,难报三春晖。父母之爱,唯一为了分离的爱,而不是为了回报的爱,更不是为了索取的爱。父母爱孩子,是为了孩子有能力渐行渐远,可以独立生活在这个世界;父母爱孩子,是无私的付出。但是,为什么那么多父母爱孩子,结果是孩子发展得并不好,甚至事与愿违,以至于今天铺天盖地的父母焦虑情绪,把教育工作者挤压得焦头烂额、不得安宁? 教育,天底下最美好的事业,不应该这么难呀!

　　中华人民共和国成立 70 多年来,我们的学校教育获得了长足的发展,社会主义建设的伟大成就,离不开从国家最困难时期就始终坚持优先保障的未来事业——教育的成功。今天,我们的教育要满足人民美好生活的需求,需要自我革新,进一步发展,要成为更优秀的教育。家庭教育是当前教育事业发展中的一道坡坎、一个瓶颈。

从 2015 年春节团拜会上习近平总书记强调要注重家庭、注重家教、注重家风,到同年 10 月教育部印发《教育部关于加强家庭教育工作的指导意见》;从 2016 年 10 月全国妇联、教育部等九部门共同印发《关于指导推进家庭教育的五年规划(2016—2020 年)》,到 2019 年 5 月九部门再次印发《全国家庭教育指导大纲(修订)》,再到 2021 年 1 月 20 日,十三届全国人大常委会第二十五次会议审议通过《中华人民共和国家庭教育法(草案)》。每次重要的决策及其精神都显示了我们国家的家庭教育越来越受到重视。它不仅关乎个人成长、家庭幸福、社会安定,更关系到国家富强和民族复兴的伟大事业。

但是,全社会对家庭教育的重视,目前还停留在两个层面的初级阶段。在"供给侧"层面,主要是尚未形成系统化的家庭教育理念、方法的指导和安全警示方面的宣教;在"需求侧"层面,主要是焦虑的家长群体为缓解自己的焦虑而四处求索。家庭教育光靠重视还不够,还需要实务理论体系、公共管理政策及其制度的建设。受上海开放大学王伯军副校长和诸位领导的信任,领命主编本套丛书,我倍感光荣且责任重大。我有幸找来了志同道合的伙伴,我们快速组成了编写团队,期望努力在家庭教育指导工作者培养和家庭教育科学普及方面有所贡献。

本套丛书内容整体编排有一个自下而上，再自上而下的过程：自下而上，是指我们的内容首先来自家庭教育指导第一线实践经验；自上而下，是指在自下而上汇总实践经验的基础上，我们组织专家团队讨论分析，最终确定丛书编写方案。我们力争做到有体系，深入浅出，既有理论深度又有实践经验，用生活化的语言向读者传达科学道理。丛书分为五个分册，从五个侧面阐述了家庭教育及其指导服务。

《家庭文化与家庭教育》可以说是整套丛书的开篇。我们中华民族的文化特征之一就是家国文化，它犹如浩瀚之水，填满每个小家庭的水缸。这浩瀚之水就是家庭文化的共性，它包含了我们的历史、文字、习俗、法律、政策等，呈现在社会主义核心价值观中，深刻地影响着一代又一代中华儿女成为炎黄子孙。一户家庭小水缸里的水，就是家庭文化的个性，它伴随和响应着浩瀚之水，深刻而直接地影响家庭教育，使得这个家庭里的孩子成为已然如此或未来可能的生命个体。家庭教育指导分为科学宣教和个案咨询（辅导）两部分，如何做好这项工作，我们在这一分册中用一个章节作了比较详细的介绍，提供了具有代表性的实际操作案例。

《身心发展与家庭教育》从身心发展角度来阐释家庭教育。虽然家长们能比较容易地查询到儿童身心发展规律的相关知识,但是,现实生活中,因为认知的偏差,很多养育者在养育孩子的行为上存在失误甚至比较严重的错误。家庭教育要符合儿童身心发展的规律,有一些基本的原则是不能违反的。这一分册第一章首先以通俗化的语言来介绍有关身心发展的基本知识;第二章介绍符合身心发展规律的各阶段家庭养育和教育行为,以实际案例来帮助读者理解知识,重在提供实践意见;第三章针对当前在校生中普遍存在的情况,帮助读者理解孩子的自我伤害和自我妨碍行为,并且提供预防和帮助的实践意见。鼓励家长不仅要看见孩子、看明白孩子,还要学会看大和看远。

几乎所有家长都知道好习惯对孩子的成长有多重要,但自身具备好习惯的家长比想象的要少,能够真正理解好习惯是怎么通过行为内化为态度并且施加正确引导的,又更少。我们在《学习管理与家庭教育》中提出了学习管理的理念。从普遍存在的家长对习惯的曲解开始,介绍以学习者为中心的学习管理。孩子们的学习首先是个人的、家庭内部的,然后是学校的、社会的。作为成年人,家长有义务、有必要帮助孩子实施学习管理。学习管理不仅是向内的对自我的管理,还包括对外部的社会资源的运用与整合。所以，它是一个家庭成员共同参与的家庭管理。

树立以学习者本人为中心的学习管理理念，学校学习机会和社会学习机会都是需要去管理的学习资源，家庭学习已然成为家庭生活中重要的部分。不论有意无意，从心智发展和个人认知角度来理解，学习时刻在发生。同时，我们必须高度重视今天每一个人都不能脱离互联网的现实，互联网场景下的学习管理，变成一件很重要又很棘手的事情。这一分册的第三章专门介绍这一方面的趋势、现状和管理探索。

《家庭关系与家庭教育》着重介绍隐含在家庭人际关系中的结构性应力关系（系统动力）是怎样影响了孩子的成长，家庭教育需要如何应对和驾驭这种无形而强大的力量。

今天多元化的家庭和家庭中丰富的迭代关系，为家庭教育带来了更多不确定性。父母离异到底会对家庭教育产生什么样的影响？为什么同样是父母离异，有的孩子发展得很好，有的孩子发展得很糟糕？我们在这一分册中用一个独立的小节，对父母离异的孩子进行比较充分的解读并给出家庭教育建议。诸如服刑人员和吸毒者的家庭、留守儿童家庭等面临一些特殊家庭关系的情况，孩子们及其家庭可能更需要家庭教育指导者的帮助，我们用了一个小节进行专门的讨论。

总序

城市化发展,已经使得以往的家族支持系统发生重大变化,尤其在家庭教养方面变得更加小家庭化,更加需要寻求社会支持。社会公共服务是否做好了这方面的教育支持,目前做得怎么样,公众需求在哪里,未来会怎么样?这些问题,我们放在本丛书的《社会发展与家庭教育》中进行探究。

由于千百年的中国文化根基,家庭需要并且已经习惯于族群社会支持体系。中国社会已经发展到知识经济时代,这种传统模式依然存在;但是也必须看到随着城市化发展,家庭小型化促使家庭开始寻求基于公共服务的社会支持,或者社交型社会支持。家庭的这种社群关系影响着家庭本身的成长,同时也影响着家庭成员的成长。今天,全社会都在提倡社会工作,社会工作体系中有家庭社会工作,也有学校社会工作,还有青少年社会工作和儿童社会工作的划分。这些社会公共服务目前处于什么样的发展水平,与学校教育、家庭教育具有怎样的关联,如何运用和促进社会工作进而促进家庭教育的指导?这些都是我们要深入探讨的领域。

绝大部分家长和专业工作者,都会把家庭教育指导与心理学联系起来。心理学方面的服务体系目前建设得怎么样,家庭教育如何寻求心理学的支持,心理学如何为家庭教育保驾护航甚至提供更贴切的主动服务？这也是需要我们积极探索和回应的问题。

习近平总书记在 2021 年全国两会上强调："无论学校教育还是家庭教育，都不能过于注重分数；分数是一时之得，要从一生的成长目标来看。如果最后没有形成健康成熟的人格，那是不合格的。"让每一个孩子形成健康成熟的人格，是家庭教育的首要目标。它是一个过程性目标。如何让这个过程性目标与社会合拍，如何管理这个目标，是家庭成长中的重要命题。本丛书编写方案，尤其是内容体系的安排，我们两易其稿。其中关键的地方在于，实践中有效的方式方法，有些在传统理论中可能没有充分讨论，怎么办？

我们本着实事求是的基本态度，从实践出发，围绕服务好家庭教育，抓住事物主要矛盾，分析矛盾的主要方面，在矛盾的对立统一中发现解决问题的杠杆和路径，最终形成今天呈现在读者面前的家庭教育及其指导服务的五个维度、五种图书。我们相信这五个维度的内容，依然是实践经验和理论指导相结合的初步成果，它还有很多需要进一步探索和完善的地方。

本套丛书能够在这个令人兴奋的时代大趋势中，勇敢地先行一步，抛砖引玉，为家庭教育及其指导工作尽绵薄之

总序

力，对此我深感荣幸。我代表全体编写人员，真诚希望各界人士提出宝贵的意见。

相旭东

2021 年 5 月 15 日于茸城半日轩

序言

作为丛书的组成部分,《学习管理与家庭教育》的编写历经半年多时间,即将与读者们见面。作为编写人员,回望成书过程,还是有很多感慨。

2020年1月,一个非常特殊的时间节点,由上海开放大学创办的上海家长学校成立。成立以来,上海家长学校一直致力于推进家庭教育专业化服务,致力于为上海这座城市的每个家庭、每位家长、每个孩子提供多样化服务。在围绕广大家长的家庭教育实际需求开展服务时,面对各种各样的问题,尤其是一些不断重复发生的问题,发现有的其实是只要通过学习就完全可以避免的问题,但由于忽视或认识不够,依然不断发生。面对这些情况,组织相关专家学者和一线专业工作者编写一套面向家长和家庭教育指导师的通俗读物,尽量面向现阶段家庭教育的实际需求,力争通过"问题解决方案"满足他们的需要,这也是编写这套丛书的初衷。比如,近年来家庭教育焦虑现象成为了一个普遍的社会问题,特别是经历疫情之后,焦虑更加凸显。上海家长学校在组织教学培训过程中进一步梳理,发现孩子的学习问题和学业管理问题对家长来说,是公认的热点话题,也是教育焦虑和家庭焦虑的重要源头之一。也正是基于家长的需要和社会的关注,上海开放大学和上海家长学校组织编写了本书,希望家长、家庭教育指导师和更广大的读者们都能从中获益。

说到"学习管理与家庭教育",首先要明确的是四个关键词:学习、管理、家庭教育和学校教育,或者说家校合作教育。这四者关系紧密,有分有合。在开展家庭教育前,理应先研究"学生的学习",再研究"管理",做到有的放矢。

首先,要让学生明白什么是学习。学习是生命的必需品,它就像吃饭、喝水、睡觉一样重要。近年来比较畅销的两本书《学习共同体》《学习的本质:走向深度学习》的作者都对"学习"这一概念进行了精辟的研究和阐述,很有代表性。学习是一个复杂的、受多种因素影响的过程。神经系统为每个人提供了学习的生理基础,个体特有的经验以及他与自己生活于其中的社会、文化的接触决定着他的学习模式。情绪、欲望、投入和想象等因素影响着个体内在的前行力量。这些力量能够引领学生由浅层次学习走向深度学习，最终走向自主创造之路。如何将这些力量有效聚合，产生最大的效益，这就是管理的内容。学习同样需要科学、有效的管理。

学习管理的目的，在于让学生学会学习。联合国教科文组织出版的《学会生存》一书指出，未来的文盲，不再是不识字的人，而是没有学会学习的人。"学会学习"已是中国学生发展核心素养中的基础素养。要让学生爱上学习，学会学习，"成为一个自主学习者、深度学习者乃至创造者，让学生成为学习和生活的主人"。

我们今天所说的"学习管理"既不是课堂学习管理，也不是学校学习管理，它是家庭教育的学习管理。这种学习管理是在家校合作过程中，以家长、家庭为主体，在特定的时空中关注学生学习活动的管理。它与学校管理和课堂管理有较大的差别，是有其独特的规律和特殊要求的，也是教师、家长和家庭教育指导师在构建学校、家庭合作育人的桥梁和纽带时的工作重点。

不同的场域，不同的时期，孩子的需求都不同。很多家长往往没有注意方式方法的转变，以自己的经验、惯性要求和对待孩子，导致双方冲突不断，亲子关系紧张，谈到学习更是剑拔弩张、鸡飞狗跳。疫情的突然到来，居家隔离和在校常态化防疫的过渡，更是对学生学习的方式方法、线上线下的学习活动、学生的学习管理不断提出新要求。特别是2021年以来,教育部发布了学生作业、睡眠、手机、读物、体质等"五项管理"规定。"五项管理"切口都很小,但又和每一个学生、每一位家长、每一个家庭,当然也与每一位教师休戚相关。换句话来说,"五项管理"是家校社合作育人一个很好的支点。"五项管理"中,作业管理又是公认的头号难事,也是家长焦虑与亲子冲突的重要源头。这就与本书所关注的学习管理是一致的,也是我们在编写的过程中力求帮助家长、教师解决的问题。

实际操作过程中,作为家长、家庭教育指导师,必须要消除误区,要明白加强"五项管理"不是取消家庭对孩子学习的管理,家长对孩子学习上的关照仍是家庭教育的重要内容。怎样科学有效地利用好家庭这个学习场域,引导和帮助孩子养成良好的学习习惯和学习品格,是家长不可规避的教育问题,更需要家长去积极探索有效的教育策略。

全书共分为三大章节,每个章节包含三小节。学习者是学习管理的中心人物、灵魂所在,也是家庭教育的主要对象。本书从学习者自身的管理谈起,延伸到学习者在家庭、学校、社会三个场域里的学习资源的管理与整合。

第一章"以学习者为中心的学习管理",阐述了习惯的重要性,从家长的认知、学生的态度以及身心发展特点等因素入手给予家长方法策略,指导家长培养学生的阅读习惯、学习兴趣以及完成家庭作业的习惯。通过多个案例让家长们在解读和分析的过程中触发思考——如何有效地引导孩子学会学习,从而提升自身的家庭教育能力。

第二章"社会资源运用与整合的学习管理"针对社会热点话题,引导家长正确理解学校教育和社会教育,从五方面入手指导家长开展有效的家庭学习管理,发挥主观能动性,有效衔接学校教育,利用好社会资源,促进孩子健康全面发展。

"互联网＋"时代的到来,让家长们开始思考怎样有效地融合线上课程和线下学习,使孩子的学习最优化,同时避免孩子"网络成瘾"。第三章"互联网场景下的学习管理"就针对这些问题作出了回应。家长如何关注孩子的互联网活动,如何提升孩子的媒介素养……仔细阅读文本,也许你就能找到答案。

尽管只是选取了一些代表性的话题,但我们期待通过这些内容的呈现,能为广大家长和家庭教育指导师提供一个深入了解学生学习和家庭教育指导的窗口。借助这个窗口赋能,架起家校共育之桥,让每一个孩子快乐成长、有效学习和健康发展成为可能。

在本书编写收官阶段,"杂交水稻之父""国家功勋奖"获得者袁隆平院士和"中国肝胆外科之父"吴孟超院士不幸离世了。痛失国士，举国惋惜。在景仰两位先生的生平时，我们不禁感慨：正是良好的家庭教育、高尚的人格养成塑造了国之栋梁。袁老生前一篇饱含深情的诗《妈妈，稻子熟了》，吴老生前对恩师裘法祖先生"医者仁心"的深情回忆，真切地告诉我们：人之成长，始于家庭；家国情怀，就在眼前！

谨以此书致敬国士！希望借此引导千千万万的家庭，将中华优秀传统文化以家风、家训、家教等朴素的形式传承，使每个家庭、每位家长、每个孩子不断受益。

本书的编写是集体智慧的结晶。在上海开放大学领导的积极推动下，由上海市奉贤区教育学院副院长张竹林担任分册主编，来自相关单位的陈珊、张静、相旭东、施建英担任编委，分别负责相关专题写作。陆文婷、张怡菁、潘姿屹、鞠晓慧、徐豪情、单丽等多位一线教师也参与了相关内容编写。由于学识有限，时间仓促，肯定还有很多问题亟待解决。我们期待得到读者的批评和指正，以便进一步完善，为有效推动家庭教育中的学习管理提供更加科学合理的方案。

张竹林

2021 年 6 月 8 日于奉贤新城

目录

目
录

目录

第一章

以学习者为中心的学习管理

当代青少年学生被称为"数字原住民"和"数字一代"，他们从小享受技术发展带来的便利。在技术创新突飞猛进的今天，我们更加关注培养学生的自主能力、创新能力，发展学生的核心素养。2020年新冠肺炎疫情袭来，让人们对"以学习者为中心"的教学理念的认识和理解变得更加立体和真实。特别是疫情期间，学校大尺度、大范围改变策略，几乎一夜之间在全市范围开展"线上课堂"居家学习。随着疫情防控成为常态，"线上＋线下"的课堂模式也成为了常态，随之也产生了时间管理、作业管理、学习主动性、自律性等一系列自主性要求。今天，无论学校教育还是家庭教育，都必须对学习进行管理；学习管理不仅非常重要，而且学问无穷。

第一节　好习惯来自行为内化为态度

与"以学习者为中心"相对的是"以教师为中心""以知识为中心",从教育的实践途径看,"以学习者为中心"需要从学生学习与发展内在规律出发来组织教育活动,要将学生作为具有能动性的主体,而非对象化、物化的客体。作为家长和老师都要认同学生是积极的活动者、探索者和知识建构者。帮助孩子养成良好的习惯,是家庭教育学习管理的首要任务。

一、习惯是养出来的

> ▶ 案例1-1
>
> #### 吃饭"慢"的岩岩(片段1)
>
> 清晨,爸爸已经出门上班了,6岁的岩岩坐在餐桌前,细嚼慢咽地吃着早餐。妈妈在一旁看得着急:"岩岩,快点吃,我要迟到了。再不快点,妈妈被开除怎么办?"

岩岩好像没听见，根本不理会妈妈的催促，仍在慢吞吞地"品尝"那点粥。

"你就知道给我找麻烦，一点都不省心……"岩岩妈妈在叹气。

晚上下班后，爸爸一回家，妈妈就向爸爸"告状"。爸爸也加入了妈妈的行列，他斥责岩岩说："一点都不懂事，你妈妈工作这么忙，都不知道快一点，早知这样，不如不生你！"

就以上案例中呈现的场景，网上"智慧君"向家长们提供了10条给孩子立规矩的建议。

（1）不要给孩子贴标签。

（2）给孩子制定明确的标准。

（3）给予适当后果，而非吓唬孩子。

（4）批评要及时。

（5）对孩子的惩罚要切实可行。

（6）自己能解决的事不要扩散。

（7）给孩子立规矩一定要简单具体，不能笼统。

（8）要把道理讲清楚，而非简单粗暴地命令孩子，更不要摆出强权架势。

（9）态度温和、有耐心。

（10）用孩子喜欢的方式告诉他道理。

网上"智慧君"是个模糊的统称，指那些喜欢在自媒体上发布各类信息，以达成某些意图的人。从上述案例中的10条建议，我们可以"窥一斑而知全豹"。面对案例中的场景，绝大部分有生活经验和善于思考的家长，都能得出以上这些育儿经验，但很少有人能理解和明白，以上建议的有效性主要体现在"孩子学会了在乎爸妈的需求和感受"。因为上述办法立足于这样一个基本逻辑：端正孩子的思想态度，孩子的行为就会符合规范。其实这些做法最终只是让孩子学会察言观色，而不是养成了个人的良好习惯。现在，我们放大孩子的身影，放大孩子的声音，放大孩子的权利，放大孩子的需求来重新体验这个早晨和傍晚的场景。

案例1-2

吃饭"慢"的岩岩（片段2）

我才6岁，大清早把我叫醒，我还没坐在餐桌前吃早饭，爸爸已经出门上班了。有这么急吗？面包很干，我只能细细嚼、慢慢咽，妈妈煎的鸡蛋也糊了，我不想吃。我还没吃两口呢，妈妈在一旁急着喊："岩岩，快点吃,我要迟到了。再不快点,妈妈被开除怎么办?"

我不知道"开除"是什么意思,反正她天天喊,"开除"也没出现过。还有这碗粥,我不喜欢,天天叫我吃。

"你就知道给我找麻烦,一点都不省心……"妈妈又在叹气。

刚吃完早饭,妈妈就把我送到幼儿园了,朋友们都还没来。真没劲,每天都让我一个人在这等好久,为什么别的小朋友可以一起进幼儿园,偏偏我一个人进来?爸爸妈妈可不可以让我和别人一样结伴进幼儿园?我也想排着队进幼儿园。

终于放学了,爸爸一回家,妈妈就向爸爸告状,说我早上又慢吞吞。爸爸斥责我:"一点都不懂事,你妈妈工作这么忙,都不知道快一点,早知这样,不如不生你!"我很伤心,可是我不敢说。为什么别人家的爸爸妈妈不着急、不骂人?如果他们不生我,那我会怎么样?

我们尝试像放电影一样穿越一下,现在从孩子角度看了那天发生的事情后,作为家长,你有何感想?

你有没有觉得,"智慧君"的 10 条建议还是有所欠缺?

你有没有觉得,这里面有一种仿佛存在又有点模糊的东西在起作用,它是什么呢?

　　人们总是以为，孩子只要端正了态度，他们的行为就可以符合要求，这是一个教育的过程。事实可能恰好相反，不仅孩子，成年人也一样，往往是行为决定了态度。在这个案例中你隐约感觉到似乎隐藏着的东西，就是"行为决定态度"的道理。孩子对自己和对世界的态度，正在他的行为过程中逐渐形成和沉淀。这是案例中父母真正通过身体力行带来的家庭教育效果。要真正有助于孩子养成良好习惯，学校教育者和家长都有必要理解行为和态度的真相。

　　案例中岩岩小朋友为什么会一个人吃早饭呢？因为父母已经吃完了。这里有一个细微差别。情况一，父母早些时候已经吃完了，或者没吃（准备到了单位再吃）。伺候孩子吃早饭是一项家庭养育工作，现在这个环节因为孩子的不配合而被拖延，父母很是恼火。情况二，父母孩子是一同开始吃的，之后父母吃完饭，父亲出门，孩子还没有吃完，母亲很是恼火。所以，母亲开始用语言"教育"孩子。傍晚回家后，父亲又进一步用语言"教育"孩子。他们的真实需求是希望孩子吃早饭快一点。那么，我们再来分析一下孩子为什么吃得这么慢。

　　如果是情况一，这顿早饭对孩子来说本来就没有吸引力。吃早饭是他一个人的事情，是一件爸爸妈妈监督着的任务。如果是情况二，孩子体验更加糟糕："我是输掉的那个人,现在只剩下我了,还在挨批评指责。"如果这两种情况都不是,孩子可能还有其他体验。比如,早饭真的不好吃,真的还没有睡醒……

习惯是一种顽强而巨大的力量,它可以主宰人生。它是一种惯性思维、惯性行为、惯性反应,每一个人都有习惯。"我们在行为的过程中变成了我们今天这个样子。"这是一个自然而然甚至我们自己没有意识到的心理过程,这个过程就是真正的养成教育的过程。当家长想要对孩子进行养成教育的时候,必须看到行为决定态度的客观真相,家长才能实施正确的教育行为。

（一）仪式感有助于将行为内化为态度

仪式感是身份感的确认和体现,仪式感有助于将行为内化成态度,养成一种习惯。还以上述案例来说,一家人吃饭是否应该有仪式感?应该有,我们中国人的餐桌是有礼仪的,家庭日常生活中就应该做到。所以,岩岩父母若重视餐桌礼仪,就应该一家人共同吃早饭。当然,餐桌礼仪的具体内容和形式,需要与时俱进,其基本内涵古今中外也有差异。从心理学层面来说,仪式感包含着相互协调和统一,归属和尊重,义务和权利。

幼儿园或者小学一年级,教室里老师喊:"手空空,不说话,眼睛看,耳朵听,三,二,一,零。"老师的"口号"是用来提醒学生要上课了，他要开始讲课了。每次上课之前都这样做，不用太长的时间之后，学生就会自然做到上课之前做好准备。上课过程中，必须先举手再发言。这种仪式感，让老师和学生彼此归位，这是上课的需要，孩子们在仪式感中体认作为学生的身份感，体认自己作为学生需要担负的责任和拥有的权利。

家庭教育实际就是发生在家庭日常生活中的教育，吃饭、睡觉、休闲、拜访亲友、出门散步等都需要营造仪式感并遵守相应的规则。让孩子参与仪式，就能产生良好的教育效果。家庭教育不应该停留在语言上，大声呵斥或者愤怒训骂。案例中的父母显然做错了。

（二）角色感有助于调整自己的想法和行为

每一个人都有他的角色。跟孩子讨论他们在幼儿园和学校里的角色是很重要的。这种讨论应该放在幼儿园阶段和小学前半段比较合适，到了中学，除非为了矫正某些孩子的错误行为，需要和他们重新讨论，一般的孩子对此已经有了比较明确的认知。

作为某校的学生，孩子是有一种角色的；作为某班的学生，孩子也是有一种角色的；作为当代的中国孩子，他们也是有一种角色的。角色感来自该角色区别于其他同类人群的差异性。如案例中的岩岩希望早晨能和小朋友们差不多的时间一起走进幼儿园,而不是一个人最早孤孤单单地走进幼儿园,说明他在小伙伴这个小群体中有自己的角色。父母要走进孩子心里,了解孩子行为背后的想法,要和孩子讨论角色,帮助孩子演好那个角色,根据角色的需要来调整自己的想法和行为。唯有如此,孩子在他的群体中才会有归属感,才能坦然自处。

（三）自主感有助于从他律转变为自律

重视孩子的仪式感,讨论孩子的角色感,归根结底是为了呵护孩子的自主性。自主性,对人一生的发展是非常重要的。案例中岩岩的自主性已经受到挤压,说不定在不久的将来,孩子会变得完全需要他律来指引他生活。但是,谁可以管岩岩一辈子呢?

行为决定态度的原理告诉我们,孩子在自主行动的过程中自然会将这一行为解释为这是他自己愿意的。比如,父母要求孩子自己起床后把被子折叠好,一种做法是强令孩子去叠被子,完不成不能吃早饭或者采取其他打压措施,孩子在监督下完成了这件事情。另一种做法是,跟孩子说好,两条被子两张床,妈妈一条,孩子一条,一二三,齐动手,叠被子;或者向孩子求援——帮妈妈叠被子。孩子可能会犹豫,但还是行动了。第二种做法让孩子体认了自主性,有利于孩子把叠被子内化为自愿的行为。

（四）符合行为决定态度的养成教育方法

我们之所以说"养成教育"，因为习惯是养出来的；重点在"养"字上。"养"靠的是带教，而不是指教。如果我们是岩岩的家长，怎么做才能让这件事变得更好一点呢？

1. 家长和孩子一起吃早饭

给早饭留出一点机动时间，在吃早饭的时候爸爸妈妈可以跟孩子互动，比如让孩子观察，这片面包爸爸可以分几口吃掉，妈妈可以分几口吃掉，宝宝可以分几口吃掉。如果吃早饭是一个有意义又有趣味的场景，孩子自然会跟上父母的节奏。

2. 家长为孩子示范

当时间紧张了，爸爸妈妈示范着快点吃，孩子也跟着快点吃。不用家长教导他，孩子已经知道什么叫快点吃，快点吃是一种什么感觉，快点吃换来的是什么……这个过程是一种生活体验。

3. 家长提前和孩子讨论

引导孩子体验到上幼儿园是一件令人愉快的事情，每天对上幼儿园都充满期待，那么孩子可能变成那个催促父母快一点的人。孩子已经养成了效率为先的惯性行为，也就是习惯。当家长关注了孩子的体验，抓住了孩子的体验，家庭教育就会事半功倍。

二、好习惯从行为调适中、态度转变中产生

刘备曾说："勿以善小而不为，勿以恶小而为之。"这句充满哲理的话，很符合人的行为习性。

一个不起眼的恶行会很容易产生一种更恶劣的行为。比如，残酷的行为会侵蚀行为者的良心。伤害无辜通常会导致攻击者去贬损受害者，以此为其行为辩护。邪恶的行为会塑造自我，但是有道德的行为也会塑造自我。

心理学家乔纳森·弗里德曼曾做过一个心理实验，他向小学生介绍一种很有趣的玩具，并告诉他们当他离开屋子的时候不可以玩这些玩具。弗里德曼严厉地威胁一半的孩子，而对另一半孩子则温柔地告诫。这两种方法都有效地阻止了孩子。几周后另一个研究者让每个孩子在相同的房间中玩相同的玩具。在 18 个早先被严厉威胁过的孩子中，有 14 个此时正在玩这些玩具；但是早先被温柔地告诫过的孩子中有三分之二仍然拒绝玩这些玩具。这说明，如果这种告诫温柔到让孩子们觉得有主动选择权的话，他们就会内化这种行为。

态度和行为会相互影响，不仅态度会影响行为，行为也可能影响态度。养成好习惯，不是一蹴而就的。转变态度，改变行为，有时需要同步进行。改变认知，转换态度；持续

行为,改变态度。它们相辅相成,在行为决定态度或态度决定行为之间,把良好的行为方式内化为真正的好习惯。

案例1-3

丑小鸭与白天鹅

Sharry是一名高中女生,个子不高,皮肤黝黑,可以说长相普通,成绩在班级里也属于中等,不算好,不容易被他人记住。总之,这个姑娘在班级里好像隐形的,不太有人记得她。其实她内心非常渴望被老师和同学"看见",于是她一直在寻找机会,直到她遇到了一位她认为可能会帮到她的老师。她感觉这位老师长相一般,但言谈举止很是得体,看上去让人觉得温暖而舒服。这位老师和她聊了之后,帮她澄清了自己的定位。老师发现她因为不自信,走路弓着腰,头也总是低着,沉重的刘海遮住了双眼,走在人群中,真的很难被发现。于是老师和她讨论:"请你找到一位你觉得自信的人,并描述一下这个人平时是怎样走路、说话的?"她说:"抬头挺胸,眼神专注,会保持轻松的语音语调。"老师说:"你试着把你刚才描述的状态表现出来!"于是,她开始在小小的房间里寻找"自信的走路姿势"……慢慢地,她走路的样子不那么别扭了,那种自信的走路状态好像与生俱来,非常自然。说话也是如此,老师陪着她把朗读的声音录制下来,然后回听,让她感受说话的轻重缓急。日子一天天过去了,她的状态越来越好,她敢于表达自己,敢于和同学们交流。她的行为也得到了积极的反馈,同学们都反映她越来越自信了。后来,就像Sharry自己总结的那样,这个世界上没有完美的人,但有自信的人,自信源于内心的真诚、对他人的友善和得当的自我完善方法。

当一个人的内心有个声音"我不如别人,别人都比我好",他在人群中就会尽量让自己的声音变轻,低头或弓着腰,其目的是为了让别人"不要关注我"。当内心的那个声音变为"我可以不完美,但我可以很自信"的时候,他就会体验到自身的价值感和力量感——"我是有能力帮助他人的,我幽默、真诚、可爱、乐于助人、有擅长的学科——我是有价值的!"这个案例属于青春期体象烦恼,对体象的态度引起了行为的变化。解决之道在于两点:第一,当Sharry正确面对这些,改变认知的时候,她能够通过行为的训练来改变个人形象;第二,当Sharry敢于尝试,积极行动起来的时候,她改变了对自己的态度,从而影响他人对她的态度。

态度具有一定的稳定性与持续性。它一旦形成，就不会轻易改变，这叫态度的抗变性。但这并不意味着态度就是一成不变的，它会随着人们社会互动的对象、互动范围和生活环境的变化而变化。能改变孩子的不是道理，而是习惯。习惯实际上客观存在，没有养成这样的习惯，就养成了那样的习惯，养成教育的精髓在于通过良好的行为养成良好的习惯。

第二节　养成教育中可能遇到的挑战

养成教育是从行为训练入手，综合多种教育方法，全面提高孩子的"知、情、意、行"，培养孩子养成良好习惯的教育，既包括正确行为的指导，也包括良好习惯的训练。养成教育的内容十分广泛，包括道德文明、学习、生活等各方面行为习惯的培养。本节中的"养成教育"是指养成良好的学习习惯。家长们可能都听过这样一句话："态度决定行为，行为决定习惯，习惯决定性格，性格决定命运。"由此可见习惯的重要性，但可能有的家长也是因为信奉这一理念，当孩子学习习惯不好的时候，就归咎于他的学习态度不端正，不想学习，然后就会因此感到无奈，甚至恼火，进而批评孩子。久而久之，容易陷入恶性循环。

在养成教育中，即使家长们查阅了很多的书籍资料，听了很多讲座，明白了很多的理论和道理，但是在实际操作中还是会遇到很多的问题，而且不同年龄阶段，不同家庭环境和不同地区的孩子的情况不尽相同。我们调查发现，在养成良好学习习惯的教育过程中，家长们经常会遇到这么几个问题：孩子无法独立完成作业，不愿意主动复习、预习，书写潦草，不喜欢读书，课堂上无法专心听讲，等等。其中，家长们在家庭教育中面临的主要挑战有这么三个方面：阅读习惯、学习兴趣、完成家庭作业的习惯。

一、阅读习惯的养成

习惯是由一再重复的行为形成的，习惯具有很强的惯性，会不经意地影响人的一生，所以在孩子成长之初，帮助他们培养好的习惯是非常重要的。在学习文化课的习惯培养中，阅读习惯尤其重要，阅读是教育的核心，几乎所有学科都需要通过阅读来学习。

案例1-4

爱阅读的孩子不一样

小娴和小昊是同班同学,两人都是随迁子女,两家因为住在同一个小区,平时关系也很好。但是,小娴和小昊的学习情况却不尽相同,小娴是班里的学习委员,知识面很广,乐于助人,上课反应很快;而小昊,总觉得学习没意思,他老是和父母抱怨,说自己一看到书本就头疼,在班中的成绩也处于下游,甚至出现了厌学的情绪。在校时,小昊也缺乏学习的主动性,提不起兴趣,一看书就走神。家长和老师对于孩子的表现都很着急,但是都不知问题出在哪,不知该如何引导他。为什么家庭情况相似的两个孩子,学习情况却相差如此巨大呢?老师的一次家访,发现了其中的缘由。

来到小娴家,老师发现她家里藏书很丰富,在书房里还摆设了3个写字台。小娴母亲说,他们家是双职工家庭,本身的学历不高,但是望子成龙的心态,人皆有之。他们想到只有自己行动了,他们的孩子才会有行动。于是,夫妻两个人在孩子读一年级的时候就商量着每天结束紧张的工作回家之后,必做的一件事就是不约而同地抽出时间看书、看报。这也是为什么在书房里有

3个写字台的缘故，一般家里的电视很少开，对每个家庭成员来说，夜晚安静的阅读时光已经成为一天中最大的享受。他们不想以说教的方式来管教自己的孩子，夫妻俩都认为大家一起各看各的书，能形成良好的读书氛围，以自己的言传身教，形成了对小娴潜移默化的影响，正是这种父母每天的坚持，小娴不自觉地形成了良好的阅读习惯，成绩优秀。

而在小昊家，老师发现小昊没有自己的书房，甚至没有自己的书桌，平时的作业都是在客厅里的饭桌上完成。小昊父母回家后，以看电视、玩手机为娱乐方式，因此也造成了小昊放学回家后只想看电视、玩游戏，无心学习。每当父母催促他学习时，他也总是借口已完成而理直气壮地继续玩乐，更不愿意拿出书本静心阅读。

有一个热爱阅读的娃，大概是每个父母都热切期盼的。同样年纪的孩子，却因为父母的言传身教，形成了截然不同的教育后果，这值得每一位家庭教育者深思，阅读习惯养成的重要性，也由此可见一斑。阅读的主要目标就是培养孩子理解、欣赏和评论文章的能力，帮助孩子养成主动阅读、广泛阅读和深度阅读的习惯。

本案例中，小娴家的3张书桌与小昊甚至没有一个独立的学习环境形成了鲜明对比,这也是两个孩子学习与阅读习惯差异巨大的原因之一。小娴的父母以自己的言传身教、陪伴阅读,形成了对小娴潜移默化的影响,无形中帮助孩子养成了良好的阅读与学习习惯。现在的家长都知道"读书是好事",但对于读什么书、怎么读,家长有不同的理解。但是无论如何,要让孩子养成好的阅读习惯,这一点是毋庸置疑的,要想达成这一目标,就要先了解处在这个年龄阶段的孩子的阅读习惯和阅读喜好。

(一)让孩子静心享受阅读

我们首先要明确一点:孩子能专心认真地看书,这本身就是一件可喜之事。现在,许多家长会在孩子阅读之前布置一些硬性的任务,如写读书笔记、写一篇读后感、积累好词好句等……这些看似有用但却无趣的任务,会让孩子从一开始就认为阅读是一件辛苦的任务,是充满功利性的。

建议家长不要在孩子的阅读之路上设置人为的"路障",让孩子轻轻松松地阅读,享受纯粹的阅读体验,这样,孩子才能发自内心地爱上阅读,如此,自然而然,阅读的习惯也就养成了。

(二)关注学习环境的布置

从居室的安排和布置方面为孩子营造一个有利于读书学习的良好环境,这是最重要的物质保障。当前,大部分家庭的居住条件还可以,因此,希望家长多给孩子提供一些空间,尽可能给孩子安排一间单独的房间,保证孩子有一个能安静地读书、做作业的地方。尽管每个家庭条件不同,我们依然建议把改善孩子的学习环境摆到优先考虑的位置。即便住房条件不够好,也要想办法合理安排好学习的空间,让孩子有一个独立且安静的学习空间。

还可与孩子一起挑选一些适合于个性发展的格言,作为座右铭压在写字台下;也可以专门制作一个书柜,除了放置书本外,也可张贴或者陈列孩子曾经获得的各种荣誉证书、奖品;添置书架和阅读灯,共同布置图书角;把孩子写过的作文、练习题或其他有意义的物品收藏成册,成为孩子日后的档案……这些环境细节对孩子的成长都会起到很好的激励作用。如此一来,孩子能够随时随地看书,阅读也会成为一个愉快的过程。

(三)重视阅读内容的选择

阅读的形式有很多,有书籍、电子设备等,它们都是内容的载体。阅读是一个概念更加宽泛且非常必要的技能,和"读书"的概念不同。严格来说,书籍只是有趣内容的载体。孩子们喜欢的是载体里的内容。脱离了书籍,其他载体也依然可以承载人们感兴趣的内容。所以,阅读并不仅仅是面向书本,它更应该面向内容。

这里的内容可以是文字,可以是图案,可以是空间,可以是声音。可以阅读一本图书,也可以"阅读"一栋建筑或者一场戏剧。亲子阅读不能做形式上的"读书",而应该是为孩子挑选好的"阅读内容物"。这是一个很关键的出发点,有了这个出发点,家长就会改掉形式主义的"要看书"的想法,并转向孩子本身。不是问"我该买什么书",而是问"我的孩子可能喜欢什么"。家长要做的是发现孩子的喜好,并根据他们的喜好营造愉快的阅读氛围。

(四)耐心陪伴,大量泛读

当孩子找到自己喜欢的内容后,家长接下来的任务就是好好陪伴。这个过程很长,日复一日。家长可以声情并茂地讲故事,也可以敷衍地读故事,但不要试着做一个语文老师。语文老师会怎么做?他们做的是用教材教孩子"精读"——一篇文章,主旨句是什么,段落如何分层递进,作者的写作意图是什么,生字词解析,等等。老师教授的是阅读技巧,而不是培养阅读习惯。

父母要做的,是当孩子泛读的引领者与陪伴者。这个过程需要耐心。孩子年纪小时,可能会让家长把一本书读上几十遍,家长虽然很累,还是要读;或者放点音频,陪孩子一起听。做不了讲故事的人,也可以做一起听故事的人。孩子渐渐长大后,当家长陪伴孩子一起读书时,孩子也会在家长的影响下,潜移默化地进行阅读。家长是孩子的第一任老师,身教重于言教。若父母督促孩子努力学习,而自己却常常通宵达旦地打麻将,那么孩子感兴趣的恐怕不是如何搞好学习,而是如何玩好牌;学习的恐怕不是科学知识而是玩牌窍门了。若父母饭后捧一本书,伴一杯清茶,端坐书桌前,伏案写作,孩子耳濡目染,也会经常看书、学习。比如"诗词才女"武亦姝的父亲,就是在下班回家后关闭手机,选择和女儿一起阅读,武亦姝巨大的诗词量,与她良好的阅读习惯不无关系。

如果家长平时就属于很难坚持的人,建议和孩子一起制作一张表格,每完成一次就打一个钩或者贴一面红旗,坚持一周,看到红艳艳的旗子会比较有成就感,就更有信心继续坚持下去。

习惯的养成是一个过程,不可能一蹴而就,这个过程中需要家长具备足够的耐心,并且和孩子一起坚持下去。相信只要找到了孩子喜欢的方法,并坚持下去,孩子们就可以养成好的阅读习惯。

二、学习兴趣的养成

一项调查结果显示:对学习有浓厚兴趣、自觉性强的孩子,大多能专心听课、注意力集中、肯动脑筋、爱提问题、按时完成作业；而缺乏学习兴趣的孩子，学习上往往很被动，学习不专心、敷衍了事，遇到困难消极、有畏惧情绪，把学习看成一种负担。

兴趣是最好的老师，兴趣可以唤起动机，改变态度，可以激发学生学习的积极性与主动性。学生感兴趣，注意力就会集中，接受新知识也比较容易，记知识更牢固，思维更活跃敏捷。因此，学生学习兴趣的养成是十分重要的。

● 案例1-5

作业那些事情

小 A 刚刚小学毕业，他还有一个大他 3 岁的姐姐。平时两个孩子的学习、生活主要是由妈妈负责。因为姐姐比较优秀，妈妈在对小 A 的教育过程中显得比较焦虑，对小 A 期望更高。孩子的事情，妈妈都特别上心，生怕孩子的教育落在别的孩子后面。

小学一年级开始，妈妈就为小 A 报了很多课外兴趣班与辅导班，不仅让他学习多项技能，还常常提前学习高年级的知识点。长期以来，因为知识点已经提前学习过，小 A 在学校不愿意再认真地学习。渐渐地，小 A 由原本的班级前列水平慢慢退步到班级中下游水平。

此外,望子成龙的妈妈在小Ａ做完作业之后会另外给孩子布置作业,希望孩子多学点知识。小Ａ为了逃避妈妈额外的作业,做作业开始慢慢悠悠,故意拖时间,又是戳橡皮又是咬铅笔,注意力不集中,习惯性开小差的问题也开始出现。

同时,小Ａ一旦做作业开小差,妈妈也很快就会去指责催促他。但他总会找出各种理由,不耐烦地回应妈妈的催促,形成了越催促越慢慢悠悠的情况,让父母打不得也骂不得,非常无奈。长此以往,小Ａ对学习几乎全无兴趣,他上课注意力不集中、贪玩好动、做事较随意,令父母更加焦虑不已。

如果学习没有给孩子带来真正的乐趣,那么孩子就很容易被其他有趣的事情所诱惑,就会觉得学习很没意思。案例中的小Ａ,一旦做得不够好,父母与姐姐都会严厉批评他。不用太久,对小Ａ来说,这一次次批评让他总觉得自己很差,总有错,在学习中有压抑感,于是厌恶学习。小Ａ的妈妈出于自身的焦虑,一股脑儿为孩子报了很多的兴趣班,而不考虑孩子的喜好,这样只会造成反向效果,小Ａ越来越失去对各种学习的兴趣。小Ａ的母亲,超前为小Ａ报课外辅导班,超前学习本不该在当前阶段学习的知识。很多家长和小 A 母亲一样，一味注重孩子的学习成绩，揠苗助长，反而使孩子对学习失去兴趣。

有位学者曾把孩子学习的兴趣比作撒在孩子心田里的一粒小小的火种。当这粒火种在孩子心中点燃的时候，就像面对需要点燃的一堆柴草，小小的火种落在上面，风大了就会吹灭，风小了燃不起来，柴草太紧了不透风，太松了又聚不起火，柴草潮湿了还不行，这时候要小心呵护这小小的火苗，要"哄"着它一点点燃起来，旺起来，最后成为熊熊烈火。同样，有趣的学习更能激发孩子的学习兴趣与积极性，帮助他们取得更好的学习效果。

（一）增强自信，培养直接兴趣

著名物理学家杨振宁曾说过，他不赞成有人说他"刻苦"学习，因为他在学习中从没感到"苦"，相反，体会到的是无穷的"乐"。学习若能给孩子带来快乐，那么孩子一定会喜欢学习，年龄越小的孩子，学习兴趣越是以直接兴趣为主。

要善于发现每个孩子的优点。父母要对孩子的学习能力有合理的定位，把控好孩子的学习方向；以平和的心态，对孩子的学习状况作合适的调整。父母不要拿孩子跟他人作比较，让孩子跟他自己的过去比，只要有一点点改善或进步，都要及时认可、鼓励。有些家长开口闭口就是"这么简单都不会，只知道玩"，本是恨铁不成钢，却不知好钢已在批评中钝化了。如果孩子是真的做错了，当然也要给予批评，但必须注意批评的方式方法，让孩子明白父母为什么要批评他，该如何改进。

因此，要尽可能使孩子掌握好知识，一开始就让孩子学明白，这样既增强了孩子的自信心，又使他体验到学习的快乐，学习的兴趣也油然而生。

（二）明确目的，培养间接兴趣

学习目的的教育应该联系孩子的思想和实际，坚持耐心细致的正面教育，通过生动形象、富有感染力的事例，采用多种多样的形式，把学习目的与生活目的联系起来，这样才会产生良好的效果。例如，有的孩子在学跳舞，她不喜欢练习舞蹈基本功，吃不了这个苦，但是她对学习舞蹈可以参加各种演出表演活动的结果感兴趣，这种兴趣可以促使孩子去练习基本功。还比如，学会加减法后可以自己去超市购买喜欢的物品，学会拼音后就能在网上搜索自己感兴趣的内容，学会写毛笔字后就可以在春节时写春联赠送亲朋好友。所以家长们既要充分利用孩子的直接兴趣，激励孩子勤奋学习，更要通过学习目的的教育来提高孩子的间接兴趣。

（三）长期培养，从多角度评价

家长对孩子学习兴趣的培养不是一朝一夕的事，更加不是短时间内就能达成的目标。因此,家长就要注重孩子日常生活的点滴积累,树立长期培养的意识,不揠苗助长,不把孩子逼得太紧。否则,孩子就会变得焦躁、不耐烦,在潜意识里产生反抗情绪,反而不利于培养孩子的学习兴趣。

家长的支持与监督对于孩子学习兴趣的培养至关重要。考试成绩不理想会挫伤孩子学习的积极性,父母的责骂很容易让他们产生畏难或厌学情绪。每个孩子都有他的闪光点,家长就像一个地质学家,是一个探矿人,孩子就像一座隐藏的宝库,家长需要去发现并开发这样一个宝藏。家长应在平时尊重孩子的自由选择,多观察孩子的爱好和习惯,了解孩子的科目成绩和兴趣,鼓励他学习更多相关的课内外知识,发现孩子的潜能,鼓励孩子参加各项活动,引导孩子获取相关知识,发展其稳定的兴趣。以此激发孩子的学习动力,引导孩子从中获得成就感。

（四）运用知识,提升学习乐趣

家长可以尝试转变学习任务的形式,使得学习材料和方式更具趣味性。例如,复习英语单词时,可以和孩子进行比试,看看谁能说出更多的某一个字母开头的单词;也可以利用思维导图、做实验等方式让孩子"乐学""巧学";还可以结合生活中的实际情况,让学习更贴近生活,如亲自准备材料并烹制一道番茄炒蛋,再把这个过程用文字的形式记录下来,就是一篇生动形象的作文,当孩子体验到学习是可以与生活实际相联系的,将会对学习更有兴趣。

人们常言,兴趣是最好的老师。一个人如果做他感兴趣的事,他的主动性将会得到充分发挥。

三、养成良好的家庭作业习惯

(一)正确认识家庭作业

▶ 案例1-6

因辅导孩子而崩溃的家长

上网搜索"家长辅导孩子作业崩溃",相关的结果有九位数之多,大多数都是家长因为孩子不会做题,或哭笑不得,或大声咆哮,最终被逼崩溃的内容。

湖南沅江的夏先生,今年45岁,有多年高血压病史。他在家里辅导孩子写作业时,差点被孩子气晕,随后出现了持续性的头痛情况。之后,他看手机时发现一些常见字都不认识了,才到医院就诊,CT结果显示,夏先生有脑出血症状,最后被确诊为"左侧枕叶急性血肿,多发性腔隙性脑梗死"。住院期间,他还时常担心孩子作业没有写好,情绪低落,难以入睡,患上脑卒中后抑郁。

目前经治疗，夏先生的病情慢慢好转。其实，被孩子气到住院的爸爸妈妈，远不止夏先生一个。一位 33 岁的妈妈在看孩子写作业的过程中，生气后出现口齿不清、右手写字笨拙、字体变丑等情况，被诊断为左侧放射冠区脑梗死，后门诊以"脑梗死"为由将她收入住院。

尽管这些案例比较极端，但因家庭作业导致亲子关系恶化并引发教育焦虑，是普遍的现象。这样的问题主要由以下几点原因导致。

原因一，部分家长认为家长没有责任辅导孩子写作业。他们认为，辅导作业，帮助完成学习任务，达成学习目标，提高学习成绩，这些都是教师的责任，教师的义务。家长们白天上班已经很辛苦了，不应该再帮教师分担工作，更何况不是所有的家长都有较高的文化水平，如果不懂装懂，就会教错孩子，越教越差。家长上了一天班回到家还要辅导孩子写作业，怎么教都教不会，难免就会脸红脖子粗，把孩子吓得哇哇大哭，把自己气得进医院。

原因二，部分家长对家庭作业存在片面的认知和评价。家长们认为孩子回到家如果不能独立完成作业，那就不要给孩子布置家庭作业了。孩子们只要上课认真听讲，完成了学校里的作业，就说明这一天学习的知识都掌握了。不少家长认为孩子白天学习累了一天了,晚上回家后就应该放松,更何况现在很多孩子都在外报了兴趣班,学习乐器、唱歌、跳舞等,每天晚上在家练习的时间都不够。如果学校布置回家作业,孩子们就会磨磨蹭蹭,拖延时间,不肯练习课外技能。

原因三,部分家长不满足于老师布置的作业,自己另外给孩子布置作业,但是孩子不肯做。也有不少家长觉得学校的作业是统一布置的,针对性不强,或者觉得学校的作业太简单,量太少,自己给孩子买了课外习题集,每天要求孩子完成。而孩子们却觉得这不是自己老师布置的,不愿意做,心想自己写了那么多作业已经很累了,为什么还要比同学们写得更多? 反正也不是老师要求的,那就不做! 而家长们则认为自己是为了孩子好,为孩子不领情而生气,觉得孩子一点都不上进。亲子间的冲突就此产生。

原因四,部分家长用不科学的方法辅导孩子写作业。家长们在给孩子讲解题目时,往往很容易站在自己的角度去思考,认为题目很简单,答案显而易见。因此在给孩子讲题时,并没有考虑到自己的表达方式孩子是否能接受、能理解,自己教的解题方法孩子是不是已经学会了。对于孩子的理解难点,家长们也常常摸不到头脑,心想怎么孩子总在一些奇怪的地方犯错,让人啼笑皆非。而且当孩子对题目有了错误的理解后,往往还很难纠正,他们可能不明白为什么自己是错的。面对这样的情况,着急的家长们如果不能及时停下反思自己的辅导方法,那么就会想要用严厉的态度命令孩子改正,可是,孩子们在威吓声中,在哭泣时的附和只是他们为了逃避责骂的妥协,并不是真正明白了。而在以后的辅导中,他们会因为害怕而越来越快地选择妥协,逃避思考。

一直以来,很多中小学,让家长检查批改作业已经形成一种习惯,每天老师都会把一天的作业以短信、微信等形式通知家长,且都在最后提示家长检查后签字和批改。家庭作业变成了"家长作业",让家长不堪重负,怨声载道。从家校群里的"老师怼家长"到"家长愤而退群","家长作业"加重了家长负担,影响了亲子关系、家校关系,成为阻碍教育改革的"拦路虎"。对此,必须要有边界意识和责任意识。

家庭作业到底要不要布置,应不应该由家长来辅导?我们先来了解一些教育部此前对家庭作业发布的相关意见。

2021年印发的《教育部办公厅关于加强中小学生手机管理工作的通知》强调,老师不得使用手机布置作业或要求学生利用手机完成作业。这项规定使得家长们不必再担忧孩子看手机完成作业会伤害眼睛,令家长们伤脑筋的孩子不能自觉管理手机使用时间,忍不住偷偷玩游戏的问题也得到了解决。

2018年教育部等九部门印发《中小学生减负措施》(减负三十条),措施要求,小学一二年级不布置书面家庭作业,三至六年级家庭作业不超过60分钟,初中家庭作业不超过90分钟,高中也要合理安排作业时间。

2019年6月,《中共中央国务院关于深化教育教学改革全面提高义务教育质量的意见》要求杜绝将学生作业变成家长作业或要求家长检查批改作业。教师要认真批改作业,强化面批讲解,及时做好反馈。

"杜绝将学生作业变成家长作业,教育部的态度是一贯的、坚决的。"在2020年12月10日的教育部新闻发布会上,教育部基础教育司负责人表示,教育部将加强日常监管,对违反有关规定,特别是布置惩罚性作业、要求家长完成或批改作业等明令禁止的行为,发现一起,严处一起。

"不给家长布置作业,并不意味着家长把孩子交给学校就没有教育的责任了。"家长也要在家里引导培养孩子养成自主完成作业的良好习惯,跟学校密切配合,形成育人合力。

在2021年2月23日召开的教育部新闻发布会上,教育部基础教育司司长吕玉刚介绍春季学期中小学教育教学工作情况时特别强调,不得给家长布置或者变相布置作业,不得要求家长检查和批改作业。

对此,本书建议家长和家庭教育指导者掌握以下几个基本要点。

1. 不布置书面家庭作业,决不等于不得布置家庭作业

家庭作业包括书面和口头两种形式,对于一二年级学生,按规定不能布置书面作业,但可以适当布置朗读、背诵等口头作业。

2. 不布置家庭作业,不代表回家不需要学习

老师不布置家庭作业,不代表孩子回家不需要看书,不需要学习,不等于家长不需要关心孩子的学习和能力掌握情况。一二年级是写字习惯养成的关键时期,孩子需要通过写字锻炼相关肌肉,提高手眼协调能力和读写能力。只有低年级时打好基础,能力的训练产生成效,日后的学习过程中才会减少粗心、字迹潦草、写字姿势不端正等情况。

3. 家庭作业中增加阅读量、补短板、培养兴趣应是重点

充分利用家庭空间增加孩子的阅读量,有意识地弥补孩子的学业短板。适当的家庭作业,一方面可以帮助家长了解孩子学习的情况,了解孩子对知识的掌握程度,另一方面家长可以帮助孩子取长补短。学校里一个老师教几十个学生,没时间兼顾所有的学生,及时帮助每个学生解决学习

问题,家长有责任帮助孩子巩固知识点,答疑解惑,不让孩子落后。

4. 家庭作业是对课堂上学习内容的检验和巩固

对于学生来说,作业是学习的必要环节,做作业也是一种学习和积累的过程。做作业的目的是巩固所学的知识,是为了培养独立思考能力,不是为了向老师交差,或是应付家长。有的学生做作业的目的不明确,态度不端正,采取"拖、抄、代"等方式,会做的马马虎虎,不会做的就不动笔,有的学生好高骛远,简单的题会而不对,复杂的题对而不全,如果家长们不能及时发现这些不良的作业习惯,及时干预,正确引导,就会严重影响孩子的学习效果。

5. 不做家庭教育中的"甩手掌柜",也不"大包大揽"

对于教师来说,布置了作业就必须批改,不能将分内工作转嫁给家长,要划清责任边界,学校是教育主体,是对学生进行素质教育的最重要场所;对于家长来说,家庭教育是基础,是对学校教育的必要补充,要正确认识家庭作业,明确做作业的主体是孩子,不做家庭教育中的"甩手掌柜",也不"大包大揽",以陪伴为主,在能力和精力允许的范围内辅导家庭作业,给予孩子所需的帮助和支持,营造良好的家庭学习氛围。

家校共育是一条合作之路,在这条路上,老师和家长既要各司其职,更要密切配合。家校双方的目标是一致的,都是为了孩子健康成长、全面发展。无论是家庭作业、课堂教学,还是课外实践,都是培养孩子、教育孩子的重要手段,而不是最终目的。只有家长对孩子有合理的预期,了解孩子的身心发展规律,并让辅导家庭作业的方式充分契合孩子的成长、认知规律,不以作业本身的正确率、完成率、速度等为衡量孩子学习能力的标准,而是以孩子有没有进步、能不能成长为衡量标准,才能真正发挥家庭教育的功能。只有家长和学校分工明确、同向而行,才能实现教育效率的最大化。

(二)如何培养孩子良好的家庭作业习惯

案例1-7

妈妈、孩子、作业

明明是一个小学三年级的学生,一天,明明的妈妈放学回到家,看到明明正在用 iPad 看动画片。妈妈问明明:"你做完作业了吗?"明明吞吞吐吐地说还没做完,妈妈让明明把已经完成的作业拿出来给她检查,却发现明明什么作业都没做,而此时距离明明放学回到家已经有一个小时了。妈妈生气地没收了明明的 iPad,对他说:"快去写作业!"没过一会儿,妈妈从厨房出来,发现明明整个人都趴在桌子上,头跟书本几乎是零距离,正在歪着头写字,妈妈走近一看,发现明明作业本上的字非常潦草,歪七扭八。妈妈生气地批评明明:"你看看你写的字,歪歪扭扭,这几个字都写出格子了,写作业的姿势那么不端正,脸都要贴着桌面了,写字能好看吗?你的字我都看不懂,老师能看懂吗?"说着,妈妈一把夺过了明明的作业本,把他刚写的作业都用橡皮擦干净了。"你给我重新写,写端正,写不好不准吃饭!"而坐在一旁的明明则生气地涨红了脸,委屈地流下了眼泪。

据明明妈妈反映,像这样在辅导家庭作业的过程中鸡飞狗跳的事情还有很多。明明才三年级,家庭作业不多,可是却几乎每天都要拖到九十点才能完成,为了明明写作业的问题,家里几乎每晚都要爆发"大战"。"我看他坐在桌子前,笔都不怎么动,写作业磨磨唧唧,我几乎每过十分钟就要问问他写到哪儿了。有时候写个作业,一会儿玩玩笔,一会儿上个厕所,时间都被他浪费了。""好不容易写完了,一检查作业,我的火就又上来了。""你写作业的时候,眼睛看了吗?有没有动脑子?这么简单的题都会错!""你要来来回回订正几遍?你写完能不能读一读,检查一遍?"一生气,明明妈妈说话的声音就响了,脾气变得暴躁,有时候甚至被逼得忍不住咆哮、呵斥起来。而此时的明明,妈妈越生气,他的反应越是慢。

家庭作业习惯是学生最基本的学习习惯,也是必须具备的学习习惯,养成良好的家庭作业习惯更偏重于对行为的规范。在这个案例里,明明回到家不主动写作业而是先看动画,写作业的过程中书写姿势不端正,字迹潦草,经常容易分心,写作业拖拉,对待作业态度随意,不检查作业,常有粗心错误,这些都是没有养成良好的家庭作业习惯的具体表现。而这些行为在很多孩子的身上或多或少都会出现。之所以出现这些现象,主要有以下几点原因。

原因一,妈妈对明明的家庭作业训练不符合这一年龄段孩子的认知发展水平。心理学家对儿童注意力的稳定性持续时间的研究发现,5—6 岁的儿童注意力集中时间约为10—15 分钟;7—10 岁的儿童注意力集中时间约为 15—20 分钟;10—12 周岁的儿童注意力集中时间约为 25—30 分钟。三年级的明明有意注意力逐渐发展,无意注意力仍起一定作用,注意力常常带有情绪色彩,容易分散。

原因二,明明缺乏学习动机。学习动机是学生学习或认知活动的动力。学生的学习活动是由各种不同的动力因素驱动的,诸如兴趣、爱好、理想、信念等。除此之外,还要有满足这种需要的学习目标,二者一起成为学习动机的重要构成因素。

原因三,明明写作业前玩了很久 iPad,影响了他对学习的投入。视频通过大量短暂的片断、快速的动作、镜头的切换等方式呈现大量信息。长期处于这种没有目的、没有思考的无意识注意中,会严重阻碍有意识注意力的发展。久而久之,大脑变得麻木,儿童的注意能力下降,思维难以集中,缺乏耐心和意志力。如果长时间看电视、玩电脑、玩手机,由于受到画面和内容的较强刺激,他们会过于兴奋,即使离开了也很难将注意力转移到读书、做作业等其他活动中。

所有家庭作业习惯的养成,都是在家庭这个环境中,在多次做作业过程中逐渐形成的。家长们要明白,更要有信心,习惯是可以养成的,不好的习惯也是可以被改变的。辅导家庭作业要以孩子的认知发展水平和特点为基础,要照顾到他们的年龄特征,不要提出太高、太多的要求。

学习动机的激发,是利用一定的诱因使已形成的学习需要由潜在状态转入活动状态,使学生产生强烈的学习愿望或意向,从而成为学习活动的动力。学习的动机可能来自学习者通过学习活动本身获得的满足,也可以来自学习之外所获得的间接满足,前者称为学习的内部动机,后者称为学习的外在动机。对于小学生,尤其是低年级的孩子来说,适当的外在激励是必要的。

人的学习类型是有差异的,大致分为三种:视觉学习型、听觉学习型、感觉学习型。对于听觉型孩子,我们要用语言来表扬。对于视觉型孩子,家长们可以用"五角星"贴纸或笑脸贴纸来奖励孩子。对于感觉型孩子,不仅要口头表扬,更要有动作的感知,例如,给孩子点个赞,并伸出大拇指轻轻按压孩子的额头,或者给孩子一个拥抱,抚摸孩子的头,给孩子一种感知。

基于以上分析,本书的建议如下。

1. 理解至上,营造积极的家庭学习氛围

对于小学尤其是低年级的孩子来说,他们还不清楚学习的意义和目的,相比于理解父母关于学习重要性的长篇大论,他们对学习的喜爱或重视,以及学习习惯的养成,与刷牙洗脸、早睡早起、待人接物等习惯一样,主要都是在与父母的相处中耳濡目染,经过模仿逐渐习得的。

(1)家长对待家庭作业的态度和行为要积极并一致。人们常说家长是孩子的第一任老师,家长对待学习,对待家庭作业的态度,某种程度上决定了孩子未来对待学习、对待家庭作业的态度。以"家庭作业不能成为家长作业"中的案例为例,部分家长对学校布置家庭作业的目的及责任边界不清楚,导致对家庭作业产生了抵触情绪,自己在辅导家庭作业时可能还会抱怨几句老师布置的作业量太多,内容不合理等。这样否定家庭作业的语言和态度如果让孩子听到、感受到,则可能让孩子产生家庭作业没必要,做了也是浪费时间的错误认识。而这时家长再去督促孩子完成作业,结果可想而知,家长说再多的道理孩子都听不进去了,不再信服了。因此,家长要在孩子面前保持对作业的态度和辅导作业的行为一致,让孩子明白做作业是为了及时检查学习的效果。知识有没有记住,记到什么程度,能否应用,应用的能力有多强,这些学习效果的检验,单凭自我感受是不准确的。真正懂没懂,记住没记住,会不会应用,要在做作业时通过对知识的应用才能得到及时的检验。作业可以加深对知识的理解和记忆。作业可以使思维能力在解题过程中迅速得到提高。作业题一般都是经过精选的,有很强的代表性、典型性。

(2)家长要和孩子一起学习。家长是孩子的榜样。小学低年级习惯养成初期尤其需要家长陪伴,因此家长在监督、鼓励孩子写作业时,也要在孩子面前树立爱学习、愿意学习的榜样。每天可以给自己规划一个读书看报,学习知识的时间;一到时间,就提议孩子与自己一起学习,家长的主动学习会对孩子主动完成家庭作业产生积极影响。用陪伴代替说教，不要让孩子有被逼迫的感觉。试想一下，如果孩子被逼拿起书本，家长却在一旁看电视、玩手机，孩子自然会产生家长在"享福"，而自己却在"受累"这样的想法，觉得不公平，心生怨气，更不愿意写作业。他们才不愿意听，也听不进去家长说些"你现在是学生，学生就应该好好学习"之类的道理。

（3）陪伴不是干涉，更不是代替。不少家长在督促孩子写作业时总忍不住着急，看到孩子停笔了就问他怎么不写了？是不是不会？看到孩子字迹潦草就让他擦掉重写；看到孩子题目做错了就马上指出来让他重新做。在这样的"陪伴"过程中，家长表现出的是对孩子独立完成家庭作业能力的一再否定，不仅反复打断了孩子的解题思路，代替了孩子思考的过程，更打击了孩子学习的自信心。因此，家长在陪伴的时候要与孩子保持一定的空间距离，尽量不打扰孩子，陪伴时放下手机，不要忙着玩游戏、上网，给予孩子安静的学习环境，做到有效、高质量的陪伴。

（4）换位思考，明确孩子的学习任务。家长们在抱怨辅导孩子写作业问题时，往往都将孩子们的行为态度归为以下几类：要么不理不睬、无动于衷，要么直接反对、大吵大闹，或者貌似听从实则消极应对。这时，家长们先别急着把问题都归结于孩子,先从环境着手分析。不少家长喜欢在孩子玩得正高兴的时候喊孩子写作业。换位思考一下,如果大人玩性正浓时被领导叫去加班,也难免情绪满满甚至怨恨连连,更不用说自控力不强的孩子了。有些父母对孩子的学习没有完整的规划,在辅导孩子写作业时并没有了解孩子的作业内容、要求等,只是一看到孩子在玩,就担心"孩子沉迷玩乐而影响学习,进而影响未来",正是这种焦虑使得父母非得看着孩子停下娱乐回到书桌旁心里才踏实,于是要么胡乱安排学习任务,要么含含糊糊地要求孩子再巩固巩固。学习任务随意下达,孩子往往无所适从,心存抱怨。

2. 养成良好家庭作业习惯的三个策略

(1)正面引导,符合孩子身心发展规律。所谓正面,就是在辅导孩子写作业的过程中,如要向孩子提出要求,就要采用正面的表述,尽量少出现或不出现"不""别"等否定表述,而是具体地告诉孩子应该怎么做,怎么做才是正确的。例如,孩子书写姿势不端正,家长往往会说"头别离书本那么近",其实改成"把腰挺直,肩膀打开"效果会更好。另外,家长们提出的要求要符合孩子的身心发展规律。例如,小学低年级孩子的注意力集中时间通常是 15—20 分钟,如果家长辅导作业时要求孩子连续学习 40 分钟,这样就违反了孩子的身心发展规律,效果自然适得其反。

(2)制订计划,商议适当的奖励和惩罚措施。孩子在习惯养成的过程中最大的阻碍就是难以坚持,缺乏恒心,因此,家长可以和孩子一起制订详细的时间计划表,并事先协商好相应的奖惩措施,慢慢帮助孩子养成良好的时间管理习惯。时间计划表除了要对学生的学习任务按时间合理规划外,还要商议奖惩制度的有效期,家长对孩子写作业时的行为习惯要求及相应的奖惩标准。计划协议应由家长和孩子共同商议制订,针对的是辅导家庭作业这一行为,因此还可增加孩子对家长在这一过程中的行为习惯要求,如孩子写作业的过程中,家长不发脾气等。内容商议完之后,双方可签上自己的名字,仪式感会让孩子意识到养成良好的学习习惯是一件严肃认真的事。在执行的过程中,家长一定要以身作则,千万不能耍赖含糊。

(3)不贴标签,注重孩子学习过程反馈。如果在辅导孩子家庭作业的过程中遇到了和明明妈妈类似的困难,我们希望家长们不要放弃,不要轻易给孩子贴标签,不要因为孩子注意力不集中,就觉得自己孩子是多动症,要相信自己的孩子可塑性很强,不好的学习习惯是能被改变的,是可以矫正的。在协议期内,家长可通过语言、表情、动作、物质等形式,及时给予孩子反馈,让孩子了解自己这段时间的家庭作业行为习惯表现，能及时改正或更进一步。家长给予的反馈也应是正面的、具体的，如果孩子有表现不好的地方，可具体告诉他怎么做才是正确的。

希望家长们能结合上述指导方法，积极地寻找适用于自己孩子的有效途径。同时，家长们要帮助孩子将外在动力转化为内驱力，让孩子在学习过程中获得成就感，深刻体会到好习惯带来的收获。如果遇到不好的学习习惯反复出现的情况，家长们要帮助孩子寻找新的兴奋点。

随着教育部对作业管理的规范化和明细化，家长和老师要更好地互相配合。家长们要及时与老师保持沟通，及时让老师知道家长正在有意识地训练孩子，也请老师配合家长。孩子的养成教育，是一个以家庭教育为基础，以学校教育为主导，以社会教育为必要条件的立体网络教育，需三方面紧密配合，通力协作，才能保证教育的效果。家长作为孩子良好行为习惯养成的第一任老师，在养成教育中发挥着极其重要的作用。

我们相信，家长们如果能这样有耐心地坚持下去，孩子一定能养成良好的学习习惯，我们也期待家长们少一些焦虑，多一些自信，成为更好的自己，帮助孩子更好地成长。

第三节 学生的学习方法和学习管理

同样在一个教室里,为什么有的学生成绩好,有的不好? 除了先天的原因和后天的努力外,还有哪些影响因素? 很多家长会抱怨:自己忙,孩子不用功,孩子推一步走半步;一旦管得松点,便开始懒散,老师不得已三番五次找家长谈话。这些状况,真的都是孩子的问题吗? 学习,真的只是孩子一个人的事吗? 作为家长还可以帮助孩子做点什么?

说来说去还是绕不开学习管理的问题。一提到管理,有些家长觉得这和自己没有关系,或者感到无能为力。其实,如果家长真正找对方法耐心去做,会发现管理不是复杂的体系,不是表面的规章制度,而是一些可以掌握的基本常识和可以提高的基本能力。我们从 4 个案例入手帮助家长学习借鉴,引发思考,提升家庭教育能力,帮助孩子学会学习管理,掌握学习方法。

一、学习方法管理，从了解孩子的成长规律开始

家长是否了解自己孩子在每个年龄阶段的成长规律？家长了解自己孩子的兴趣和特长吗？家长是在帮助孩子成长，还是在干扰孩子成长？这些看似平常却不易回答的问题告诉人们，家长只有了解孩子成长的规律，才能做科学育人的家长。

◉ 案例1-8

三五十五真的是太难了

一个小女孩在家长的逼迫下背乘法口诀，可是三乘以五的这个算式怎么也记不住，其中一位家长就通过不断地重复来强迫她学习，小女孩最后哭了，哭得很伤心。另外一位家长看到小女孩痛哭的样子，没有半点安慰，告诫小女孩一定要好好记住三五十五，可是小女孩始终没有背出来。即使这样家长们也没有停止让孩子背这个口诀。

这是网络上疯狂转载的视频《三五十五真的是太难了》。让一个仅仅4岁的孩子背诵九九乘法表，显然，家长并不了解孩子的思维发展情况。孩子是否对此有兴趣，能

否长期坚持下去，家长们全然不顾，只是机械地让孩子反复背。让孩子提前学习，避免"输在起跑线上"，但是违背规律的学习，最后带来的不仅仅是竞争中快和慢的问题，而是跑偏方向甚至跑反了的问题。

本丛书中的《身心发展与家庭教育》比较详细地介绍了4岁儿童的身心发展特征。《三五十五真的是太难了》这段视频中家长强迫孩子记忆的做法是错误的。

（一）家庭教育不能违背孩子身心发展规律

孩子有自己的成长规律，比如3岁是直觉思维期，5岁才有形象思维，大班的孩子才开始出现逻辑思维的萌芽，8—12岁是记忆力最好的时期。让充满想象力，充满创造力的孩子去背100以内的乘法口诀，孩子虽然不理解，有时也能做到，但有什么意义，带来的后果是什么呢？

超前教育和强化教育的严重后果我们早已知晓。在《3—6岁儿童学习与发展指南》中就很具体地列举了各个年龄段儿童的学习和发展目标。例如，对于5—6岁学龄前儿童，只要能通过实物操作或其他方法进行10以内的加减运算即可；并没有要求这个年龄段的孩子须认字，只要求儿童对图书和生活情境中的文字符号感兴趣，知道文字表示一定的意义。

不管在学校，还是在家庭教育中，过早地小学化，剥夺了幼儿的童真,抹灭了幼儿的童心。因为那些知识不符合幼儿的认知特点,孩子虽然也能靠鹦鹉学舌的方式死记硬背下来,但并不理解,所以往往并未能促进他们的智力发展,反而给孩子带来很大的学习压力,降低了对学习的兴趣,挫伤了自信。

因此,无论家长还是老师,都应该"平视"孩子,为孩子创设宽松和谐的环境,重视与孩子的情感交流,让孩子在玩中,在游戏中获得知识的积累,感受到成功的快乐。

(二)家庭教育建议

在管理学龄前孩子的成长方面,家长可以参考以下建议。

(1)家长在生活中尽量多和孩子说话,多给孩子念图画书,促进孩子的认知建构和大脑发育。

(2)家长要让孩子进行丰富的肢体活动,提供丰富的感官刺激,这有利于儿童大脑的发育,有利于未来适用于文化课学习的基本能力的锻炼。

(3)家长要重视在家中对孩子注意力和自我控制能力的锻炼,无论是教孩子收拾、放置物件,或是使用各种劳动工具,都要提出具体的要求,并且给予具体的指导,以帮助孩子积极尝试,最终创造成果。

(4)家长要在游戏中培养孩子的注意力。游戏是孩子们最喜爱的一种活动。游戏不仅可以寓教于乐,还可以通过家长的参与,增进亲子关系。

每一个孩子就如同一本书,丰富多彩,变化万千,需要家长用欣赏的目光去研读孩子、支持孩子。

二、学习作业管理,先从了解孩子内心需求入手

家长需要和孩子发展一种良性的沟通关系,让孩子知道为什么老师要布置作业,知道做作业的好处,让老师知道什么样的作业能满足孩子的需求,从而在孩子与作业、孩子与老师之间形成一个良性的平衡,激发孩子的学习动力,通过作业来巩固在学校学到的知识并获得技能。

案例1-9

陪写作业!

为了让家里的小祖宗们提高成绩,爸妈们可真是操碎了心。婚前是淑女、绅士,说话细声轻语,但只要辅导孩子写作业,动不动就被气得脸红脖子粗。一位家长陪儿子写作业到五年级,心梗住院了,做了两个支架。想来想去,还是命重要,作业什么的就随它去吧。在一些家庭中,辅导一次作业,需要爸妈轮番上岗,气得不行的时候只能换岗,中场休息,互相鼓励对方,自己生的,要

有耐心，要充满爱。当孩子睡着了的时候，又那么可爱，忍不住亲亲他的小脸蛋，开始后悔刚刚对他吼得太大声。而这种慈爱在下一次辅导作业时又会灰飞烟灭，满脑子都是想打孩子的念头，周而复始，生生不息。憋屈！

案例中的家长，在辅导孩子作业前后态度截然相反。其背后的原因，其实和家长能否科学辅导孩子做作业、正确对待孩子的作业有关。有的家长喜欢盯着孩子写作业，一旦发现有什么问题，或字写错了、写歪了，就一边帮孩子涂改，一边批评、埋怨孩子："怎么搞的，说了多少次了，总是改不掉，又错了。"其实，在这种紧张、焦虑的氛围中，孩子的学习兴趣和能量很难被激发。这个时候，家长再怎么说，孩子也是听不进去的，也很难改过来，最终导致父母、孩子都产生挫败感。

（一）家长对作业要有正确认知

作业，明明是孩子自己的事情，为什么孩子会拖拖拉拉，最后产生如此大的家庭纷争？很多时候不仅和孩子自己有关，而且更多地和家长有关。

1. 孩子不急，家长急

孩子不做作业，很多家长就会着急，甚至为了让孩子第二天能交上作业，直接告诉孩子答案或帮孩子填写答案。

几次之后,孩子就会得出一个结论:"只要我坚持不做,拖到夜里 12 点,爸妈就会帮我做作业,我不用动脑,也能交作业。"

2. 学校作业少,孩子拖延时间

在学校提倡减负的同时,一些孩子反而负担更重。有些家长看见孩子每天晚上 8 点前就能完成作业,于是又买了几本练习册,让孩子在晚上 8 点后继续做练习。孩子认为爸妈就是因为自己的课余时间太多,所以才会增加额外作业,自己做得越快,爸妈就会增加更多的额外作业。抱着这种心态,孩子做作业的效率开始下降,每天故意拖延到晚上 10 点半才完成作业。

3. 迫于家长的压力,带着情绪去做作业

适当地看点电视,未尝不可。可是有些家长看到孩子看电视,特别是最喜欢的节目时,会在关键时刻,挡在电视机前,孩子只能被迫去写作业,这时的孩子当然是越做越生气,作业也无法高效地完成。

4. 孩子没有兴趣,作业成为负担

有些学生从小就喜欢看故事书,特别是历史人物传记,但唯独对作业丝毫不感兴趣,每天都要在家长的责骂声中勉强完成作业,家长也没有去研究背后的原因,只是为此十分心烦。

（二）**家庭教育建议**

在家庭教育中,不少家长因孩子的作业而十分苦恼。关于孩子作业的辅导问题,表现形式多种多样,家长若掌握以下几个小技巧,可以帮到不认真写作业的孩子。

1. "限时法"和"安抚法"双管齐下

先了解一下孩子的作业量,自己估计一个能完成的时间,然后征询孩子的意见:"语文作业 30 分钟能写完吗？数学卷子 1 小时能完成吗?"若发现孩子写作业时有不专心的表现,只要不是太过分,就随他去吧。毕竟家里是休息的地方,不是学校,没有必要太紧张。如果孩子过分拖拉,也不要责骂,可以从旁提醒,比如:"已经做了 15 分钟啦,加油哦!"

另外,如果孩子过分拖拉,家长必须制止时,可以走到孩子身边,用手抚摸他的头,轻声询问是否遇到难题做不下去了,是否需要帮助。

这样可以把孩子的注意力拉回学习上,通常情况下,孩子会说没有什么难题。这时,父母要表现出一种平静的态度:"相信你很快就会做完的,爸爸妈妈等着你,好吗?"这种方法,首先制止了孩子拖拉的行为,然后也会让孩子明白,父母一直在关注他,希望他尽快完成作业,这是一种鼓励。

2. 点拨习题法

许多题目并不难,只是孩子缺乏耐心阅读原题,往往只看了一遍,感到困难,就扔笔不做了,这是一种消极的心理暗示。如果父母一味迁就孩子,立即告诉他怎么做,甚至帮他解题,就会让孩子养成遇到问题不思考,依赖他人的坏习惯。

正确的方法是告诉孩子:"妈妈(爸爸)相信你,只要多读几遍题,你就会做出来的。"当孩子通过自己的努力得到答案后,父母要高兴地称赞:"我说过吧,仔细读题就会了。"

对于孩子自己思考也没能做出来的题目,父母也不要直接告诉他解题过程和方法,最好是根据原题编一个相似的例题,和孩子一起分析讨论,共同解答,弄懂原理之后,再让孩子做原题。

一般弄懂了例题,孩子多半会做原题。如果仍不会做原题,那么要再回到例题的讨论和计算上。经过几个来回,只要父母耐心引导,孩子一定会做原题的。这种方法虽然对父母来说麻烦一点,但能够训练孩子举一反三的能力,将来的辅导就会轻松不少。

3. 陪伴法

孩子要的是陪伴,而不是监工。在孩子写作业时,很多父母虽然也在旁边,但他们不是陪伴,而是不断挑毛病、训斥孩子。

这样做有两个副作用,一是会影响孩子的注意力,家长看似在纠正孩子的错误，其实无形中把孩子的注意力分散得支离破碎。二是会让孩子感到压力，感到紧张。在家长唠叨时，孩子心里往往想的是"爸妈什么时候走啊"。煞费苦心盯着孩子写作业，最后一家人都一肚子火，效率还很低，何必呢？不如安安静静陪在他身边，做自己手头的工作，看似不上心，但孩子却能很好地完成的作业。

家长在辅导孩子作业遇到难题时，只需稍微转换一下角度，了解孩子的心情并细心观察孩子解题的方法，家长就能成功辅导孩子写作业。

三、科学管理，从利用好学习时间入手

为什么同一个班的孩子，学习成绩会有那么大的差距？为什么成绩落后的孩子想方设法补课，依然赶不上成绩优秀的同学？我们不否认，一些差距可能来自天资差异，但也必须看到，还有很大可能是成绩落后的孩子不会管理时间。

时间管理是运用策略和技术，帮助孩子尽可能有效地利用时间。它的本质是习惯的重塑。可以说，当人们提到时间管理时，更多的关注点会放在自己的行为习惯跟以前相比发生了什么变化。养成良好的学习或作息习惯，会给我们的人生带来很大变化。因此，学习一点时间管理对每个人来说都是必要的。

案例1-10

我的时间不够用

小明同学，学习非常上进，妈妈也非常重视小明的学习。特别是到了八年级，每天都把小明的生活安排得满满的，除了学校的作业外，还有各种补课。小明也是严格执行了校内、校外计划表，可是发现时间越来越不够用，状态也越来越差，成绩也逐渐下降。有时，小明看见书本就想吐，听到英语就反胃，满脑子想的都是游戏、睡觉这些极端"堕落"的事情。他感到自己的身体在提出抗议，他的生活又开始极端不规律起来。晚睡早起，上课看手机，非常疲惫，没有一点意气风发的中学生的模样。内心的一个声音开始呼唤他："主人，快去休息吧！"

很多人都有这样的经历，持久连续地做同一件事情时，自己都能明显感觉到效率低下，情绪低落。为学习成绩而苦恼的小明同学，常常会觉得时间不够用。因为他觉得，要想把成绩赶上来，必须利用课余时间补课。但是，上学占据了绝大部分的时间，又会布置好多作业。每天连作业都做不完，哪来的时间去补课？于是，像小明一样的同学们都会不得不压缩睡觉的时间、吃饭的时间、休闲娱乐的时间……把一切学习以外的时间都压缩到极致。他们花了很多时间去学习,几乎达到人的生理极限,但进步仍然十分有限。

人们如果长久做同一件事,意志力有限,就像肌肉一样会疲劳。该案例中的小明同学就是出现了这样的问题。他坚持了一个多月,却发现自己坚持不下去了,内心很恐慌,担心自己的努力竹篮打水一场空。但是越想保持之前的习惯,他的反感情绪就越强烈。其实,每个人都是普通人,别太难为自己,累了就去放松休息;人的意志力有限,大脑也需要休息,需要给它定时地放个小长假。

(一)时间是需要管理的

时间是最伟大的艺术家,它公平、无私,无论一个人贫穷还是富有,一天永远只有 24 小时。很多人都想管理时间,然而时间是不愿也无法被管理的。李笑来在《把时间当作朋友》中提出,我们无法管理时间,能管理的只有我们自己。

1. 学习时间也有"马太效应"

每个人一天都只有 24 小时,再怎么挤也有限;但是时间利用的效率是可以成倍提高的,提升空间很大。当我们在思考如何利用时间的时候,首先要想到的不是怎样去从哪里"抠"时间,而是怎样提高现有的时间利用效率。

2. 管理时间就是管理精力

时间管理的目的就是通过管理我们的时间来保障我们

的精力,然后最大限度地使用精力,提高做事的效率,从而达到理想的结果。还需要花一些时间用来锻炼体能,充沛的精力和体能是密切相关的。可以说体能是精力的基础,有了好的体能才能保障精力充沛。体能与人们对健康的观念、饮食习惯、运动习惯、作息规律这四方面有很大的关系。

3. 如果没有明确的学习目的,就很难进行时间管理

时间管理需要一个生活轴心,没有轴心,时间永远是散乱的;有了轴心,就可以串联起自己的时间安排,让时间服务于个人的目标。所以,时间管理还包含目标管理。

(二)家庭教育建议

面对孩子无法管理时间这一大难题的时候,作为家长需要结合孩子的实际情况,有针对性地引导孩子。

1. 番茄工作法

这是目前大家普遍在使用的一个学习方法。解释起来很简单,就是给自己设定一个闹钟,学习 25 分钟,休息 5 分钟,学习 3 到 4 个 25 分钟之后,可以休息 15 分钟,这个方法的原理就是可以让人有一个高效的时间段。在这样的情况下,休息期间就不能进行一些参与式的活动,刷微博、朋友圈等可能一玩就停不下来。可以去喝口水,或者和家人、朋友说说话。

2. 三只青蛙法

你每天规划要做的事情,最重要的三件就够了。因为人的时间和精力是有限的。如果重要的事情特别多,我们肯定做不完,大家可以回顾一下,你们每天能做几件重要的事情?

3. 四象限法

该方法利用"重要""紧急"两个轴,把所有事情划分到四个象限。有些事情不紧急且不重要,有些事情不紧急但重要,有些事情紧急但不重要,有些事情既紧急又重要。比如,你有一个快递到了,在楼下等你,这件事就是一个紧急但不重要的事情。比如说健身运动,保持一个良好的身材,这就是一件重要但不紧急的事情,因为你急不来,你不可能一两天就把身体练好。这样你就能确定事情的优先等级。

4. 交替学习法

人的智力系统可以进行长时间的高强度活动,它需要变化而不是停止;当我们只做一件事时,精力有限,效率会随着时间先提高后衰退。如果我们感觉到 A 事做累了,转向做 B 事情,那么精力就又重新经历了一次先升后降的过程。学习时,多安排一些不同科目的内容,比如说学 1 个小时专业课,听 20 分钟语音,读 1 个小时书,写半个小时文章。总之,把握一个原则:在工作和学习中穿插不同类型的活动。

5. 时间计划法

每一个小时都是很独特的,在每一个小时里面,我们周围的环境,我们自己的生理、心理状态,都会发生变化。上课的时间和在家自习的时间,显然是不相同的。我们不能简单把 24 小时划分成一个一个的小格子,然后往里填充内容,然后就管这叫"时间计划"。我们必须学会让不同的学习内容和不同的时间相契合。面对那些需要大量的阅读、理解、背诵的作业或工作,就要安排时间比较长、精力比较充沛、不容易受到干扰的时间段来做。那些精力不太旺盛,比较容易受干扰的时间用来做什么呢? 用来做题。因为做题的时候需要动笔演算,可以强迫孩子集中注意力,即使周围环境比较吵闹,即使孩子精力不太充沛,仍然可以达到练习的效果。

6. 劳逸结合法

很多学生喜欢熬夜,因为夜里安静,有利于学习。但这样就会影响白天的精神,上课老打瞌睡,又怕被老师发现,睡得很不安稳,于是课没有听好,觉也没有睡好,一天到晚都迷迷糊糊的。家长要让孩子明白,学习任务重的时候可以偶尔熬夜,长期如此肯定损害精神,得不偿失。家长应帮助孩子尽量做到劳逸结合。

四、科学管理，从掌握学习好方法入手

光管理好学习时间还不够，还需要有好的方法用在时间的轨道上，才可以真正提高学习效能。

案例1-11

看起来不努力，成绩却优秀

为何有的学生看起来不是很努力，成绩却很优秀，而有些人明明很努力，但成绩总是上不去呢？高一的小明同学最近陷入了困惑，初中阶段他各方面成绩都不错，学习也比较轻松，可是一到高中阶段，他发现以前的学习方法都失效了。可是，他看到有些室友和他一样同吃、同住、同上课，课间休息时会和三五好友一起散步、玩游戏，双休日也会和同学相约看电影，整天看起来轻松自在也没有很努力学习，但是成绩却相当优秀。为什么自己更加努力，成绩却停滞不前？

一般而言，学习成绩好的学生分为两类，一类是刻苦努力的学生，而另一类则是高效能的学生。靠拼命努力可以取得好成绩的学生，他们课堂上会高度集中注意力听课，认真记笔记，课间会抓紧时间做题复习，双休日和节假日会在

家学习或者去外面拓展学习。每天早起晚睡，付出比别的同学更多的努力去换取优秀的成绩。而高效能的学生看起来要轻松很多。他们好像只需要课堂上抓住老师讲的关键信息，课下适当练习巩固就可以轻松掌握书本上的知识，所以他们不需要像别人一样努力就可以取得不错的成绩。

当然，必须承认高效能与智商等先天条件有一定关系，但是更重要的是，学霸们分享学习经验时，都会反复提及学习方法。一个不好的学习方法，会让学生浪费相当多的时间却不见成效，而一个好的学习方法则会让学生在最短的时间内掌握知识。如果学生能够拥有一个好的学习方法，对提高学习效能是非常有帮助的。家长有必要帮助孩子在勤奋的翅膀上添加方法的翎羽。

（一）不同学科都有一些基本的学习方法

达尔文说过，一切知识中最有价值的是关于方法的知识。《学会生存》一书指出，未来的文盲不再是不识字的人，而是没有学会怎样学习的人。学会学习就是在获得必要的基础知识和基本技能的同时，掌握有效的学习方法，能调控自我学习心态和监控自我学习过程。美国心理学家布鲁纳认为学会学习的实质就是掌握有效的学习策略方法，摒弃失败的、无效的学习策略方法。

此外，不同学科，要有不同的学习方法。下面以语文、数学、英语为例进行介绍。

1. 语文学科

在学习语文的过程中，一个人的完整的特质也在逐渐形成。语文将会深刻影响一个人的未来发展。

（1）具备一定的语文鉴赏能力是具有长期的语文学习兴趣的一个前提。

（2）通过阅读文学作品逐步培养起来的文学素养是其他方法所不能取代的。

（3）选择一些电视节目来看，如《焦点访谈》《东方时空》等节目，可以帮助学生了解社会不同层面的人对事物的看法，进而不断加深自己看问题的深度。

2. 数学学科

数学是所有学科中逻辑性最强的一门学科，也是最难的一门学科。主要是由于它的变换高深莫测。

（1）超前一步，在老师讲课前预习。

（2）重在基础并从最基本的定义开始推敲。数学有一个非常严谨的体系，一般是先给出一个定义或公理，由此派生出新的概念、新的定理等。

（3）拥有记录数学题目解题方法和归纳错题的笔记本。

（4）数学的特点是课本上的知识讲解不深，需要通过做大量习题加以巩固提高。

（5）做题时，看清楚题目在问什么，分析题目涉及的知识点。

3. 英语学科

英语早已成为人们不可缺少的生活语言，将英语学好是很有必要的，不管是在职场还是个人生活方面，它都是一项技能。

（1）通过大量阅读提高语感。

（2）英语一定要"见多识广"，多看一些英语文章。

（3）模仿法，即通过模仿学语音、语调。模仿不是完全照搬，而是学会用英语正确地表达自己的想法。

（4）在多读以增强语感、多记单词以增加词汇量的基础上，定时做练习题。

（二）家庭教育建议

当家长看到自己的孩子学习很用功，也没有不良习惯，整天都在忙碌学习，可考试成绩就是不理想，孩子委屈，他也很迷茫，找不到问题出在什么地方，也不知道如何去解决的时候，家长就得从孩子的学习方法这一角度去研究了。

1. 帮助孩子找到正确的学习方法

学习习惯以及学习方法是影响孩子学习成绩的两大重要因素，没有正确的学习方法以及良好的学习习惯，孩子的学习效果可能就不理想,进而会打击他的自信心,对学习感到厌倦。建议家长先跟老师沟通,找到孩子成绩不理想的原因,进而针对性地找到方法,帮助孩子调整学习方法。对于学生而言,就是要学会听讲、学会总结。除了总结老师传授的技能技巧,及时记录在本子上,内化于心,还要在自己的实践中,通过一定的练习,总结出适合于自己解决问题的技能技巧,并在实际学习中举一反三,找到更多的学习捷径。

表 1-1   部分学生的学习表现、原因分析和方法指导

孩子的具体表现	原因分析	方法指导
写作、做题、阅读马马虎虎,敷衍了事	缺乏兴趣,导致注意力不集中	激发学习兴趣,在快乐的氛围里学习
经常漏题、做错题	缺乏耐性,自我控制能力差	专项注意力训练,培养认真细致的学习习惯
边学习,边想其他事	学习态度不端正,缺乏责任心	端正学习态度,增强学业责任感
一科较弱,其他都较强	可能受老师影响,丧失学习信心;家长的爱好诱发偏科;自身智力和非智力因素的影响	正确认识障碍,排解不愉悦的心理体验;激发"弱科"兴趣,锻炼学习意志;发挥"强科"优势,以长促长,取长补短

2. 让孩子享受学习的成就感

当孩子不断失败,无法成功的时候,他就会丧失继续奋斗的动力。家长这时候需要多鼓励孩子,让孩子有成就感,

体会到学习带来的乐趣。一开始,家长可以找一些简单的题让孩子做,当孩子答对的时候,家长要毫不吝惜地夸奖孩子。这以后,便可以渐渐提升问题的难度。这是一个循序渐进的过程,家长要耐心地陪伴孩子并给予帮助。

3. 让孩子学会自我激励

孩子的自我激励可以使他时刻充满学习的动力,而家长需要做的就是引导孩子。家长要把握一切适当的时机,暗示孩子他是可以做到的,告诉他只要他动手去做,他可以做得更好。还可以引导孩子给自己定一个目标以及完成这个目标所需的时间,当孩子圆满完成时,家长就可以赞美孩子,并可以给他一些实质性的奖励。

4. 了解孩子的真实想法

家长要默默关注孩子的一举一动,真正了解孩子的心理活动。家长对于孩子的言行举止要了然于心,然后根据孩子的举动,引导孩子完全敞开心扉,正确与孩子进行沟通交流。这样才能对症下药,对孩子真正起到指导作用。

5. 丰富孩子的课余生活

单纯的文化学习会逐渐消磨孩子对于学习的兴趣。家长要根据孩子的兴趣引导他参加多种文化活动。这一方面可以丰富孩子的课余生活,另一方面还可以让孩子保留和发展自己的兴趣爱好。特别要培养孩子阅读的兴趣。阅读是一切学习的基础,提高阅读能力是终身的任务,只有坚持阅读才能提高,否则阅读能力会自动降低。

6. 让孩子学会自律

让孩子尽可能做到早上早起,晚上按时睡觉;每天锻炼1小时,阅读1小时;制订好月计划、周计划、日计划;完成一项任务就打钩,当天计划必须当天完成。通过这些纪律,让孩子在掌握学习方法的基础上,学会坚持、自律,培养自制力。

7. 培养孩子的创新思维

让孩子学习用新的视角观察问题,用创新的思维分析、解决学习中的各种复杂现象和矛盾。在文科学习中,通过创新思维让孩子展开想象力的翅膀;在理科学习中,通过创新思维让孩子克服思维定式的消极影响,让思维多向发散,四处探索,学会知识的迁移,成为学习的主人。

第二章

社会资源运用与整合的学习管理

陈鹤琴的"活教育"理论告诉人们,教育应该是"活"的。"活教育"广泛存在于学校、家庭、社会三个场域。在知识爆炸和知识迭代加快的当下,更应该有效运用和整合多方资源,做好学习管理。

在家校合作育人的时代,教育不仅仅是学校的任务,也需要家庭、社会的配合。家庭的密切配合、有效管理,培训机构的正确选择、合理取舍,都将对孩子的学习有着直接的影响。

第一节　正确理解并衔接学校教育

学校教育是教育的重要形式之一,然而社会对学校教育的认识普遍存在误区,通常把学校教育看作教育的唯一形态。其实教育是一项系统工程,包含了家庭教育、学校教育和社会教育三个方面，它们是相对独立的实体，各自承担着不可替代的教育责任。我们应该正确理解学校教育，充分利用社会教育及家庭教育的优势，有效衔接学校教育，促进学生的健康发展。

一、家校社有效衔接

案例2-1

我该不该去做志愿者？

班会课上，班主任老师鼓励学生报名参加迎接全国文明城区创建的志愿者活动，活动内容是利用双休日的时间协助交警参与指挥交通，班主任建议学生回家和父母商量后报名参加。

学生："妈妈，这个双休日我要参加志愿者活动。"

妈妈："什么志愿者活动？"

学生："是到马路边协助交警指挥交通。"

妈妈："初中生要以学业为重，大热天的站在马路上吃灰尘，不要去。"

学生："老师说这是一项非常有意义的活动，我们城区在迎接全国文明城区创建。"

妈妈："文明城区和你有关系吗？你现在的任务是好好学习。"

学生："这是双休日的活动，不会耽误我的学习。"

妈妈："双休日我给你报了写作提高班，做志愿者能给你高考分数上加分吗？会让你的作文成绩提高吗？再说了，文明城区创建是政府的事情，和你们学生有什么关系？不知道学校怎么想的。"

通过以上案例，我们可以发现家庭、学校、社区衔接中存在着一些问题，由此反思三方在衔接中各自做得不到位的地方。

第一，从家长的角度来分析学校与家长的衔接。

案例中的母亲振振有词，她认为学生的主要任务是学习，只有学习才能提高学习成绩，各种志愿者等社会实践活动只会浪费孩子的学习时间，对学生提高学习成绩没有实质性的帮助。母亲认知上的偏差或许是源于缺少与学校的沟通，学校也没有向家长宣传。如果家长了解社会实践活动是学校组织学生课外学习的一种方式，那么也不会对这次文明城区创建志愿者活动这么反对了。

第二，从学校的角度来分析学校与社区的衔接。

案例中，学校能抓住创建全国文明城市这样一个切入口,组织学生参与社区的志愿者实践活动,这是结合社会当下热点,具有时代特征的非常有意义的社会实践活动,但是为什么家长会反对? 主要原因是学校与社区的互动衔接不够紧密,缺乏计划性与多样性。在文明城区创建中,学校除了安排学生做志愿者,还可以参与哪些活动? 社区又可以到学校做些什么? 如果能提高这项活动的丰富性、互动性,那么家长也不会对"站马路"这项活动加以指责了。

第三,从社区的角度来分析家长与社区的衔接。

社区工作需要大家的支持和配合,文明城区创建需要人人参与。有些社区工作者注重方式方法,各项工作就推进得好,街坊邻居都非常支持;有些社区工作者的工作经常遇到居民的反对,究其原因,就是社区缺少与每户家庭的有效沟通。以上案例中母亲居住的小区,如果有一定的文明城区创建的氛围,社区工作者能以身作则,认真负责,切实将这项工作做到家喻户晓,让小区内的每一位居民了解文明城区创建关乎大家的幸福安康,这位母亲也肯定会支持与配合的。

（一）家庭和社区生活也是教育

习近平总书记在全国教育大会上指出,家庭是人生的第一所学校,家长是孩子的第一任老师,要给孩子讲好"人生第一课",帮助扣好人生第一粒扣子。《基础教育课程改革纲要（试行）》中指出，要积极开发并合理利用校内外各种课程资源。由此可见，学校教育要充分利用家庭、社会等资源，为促进学生健康成长，实施素质教育，培养德智体美劳全面发展的社会主义建设者和接班人奠定基础。

家庭教育是学校教育的起点和基础，是学校教育的重要延伸和支撑，只有家庭教育和学校教育密切配合、有效衔接，才能形成合力，促进学生的健康成长。

丰富的社区教育蕴藏着优质的教育资源。我们要善于运用多种多样的教育资源来扩展学生学习的空间。著名教育家陈鹤琴的"活教育"思想就是倡导学生走出校门，到大自然、大社会中去学习。

（二）家庭教育建议

家庭、学校、社会的有效衔接，可以促进学生更好发展。作为家长，可以从以下几个方面不断改善家校合作。

1. 善于发现问题

社区资源能为学生学习提供更广阔的时空、更丰富的内容、更多样的体验和经历，让学生的学习变得更为有趣。家长应该鼓励、支持学生参与各类社会活动。

案例中的母亲显然忘记了"实践出真知"这个道理，也忽略了志愿者活动对学生产生的效能。只看到学生的作文成绩不好，需要利用双休日参加辅导班，请一位好老师来提高学生的写作水平。殊不知,提高学生写作能力除了需要老师给予正确指导以外,丰富的生活经验、广泛阅读的习惯、积极思考的能力等都是提高学生写作水平的有效途径。

2. 有效利用资源

社会是个大学堂,我们要善于发现身边对学生发展有利的资源,如农村自然资源、周边社会资源、社区文化资源等。为学生的学习活动提供实地考察、亲身体验的机会,将学生的学习从学校教育转移到社会学习,将单一的书本知识转化成多样的亲身体验,在看一看、学一学、做一做等实践中学习并感悟。

案例中的志愿者活动其实是非常具有时代特征的实践活动,但是母亲只知道志愿者活动会耽误学生的学习时间。或许她没有想到一小时的实践活动对学生写作上的帮助远远大于一小时的培训。我们常常会听到这样一句话:"孩子的作文水平是最难提高的。"其实根本原因是学生缺乏社会实践活动,缺少对生活的理解。闭门造车,怎么能造出有创意的车来呢? 只有在亲身经历后才能写出有血、有肉、有灵魂的文章,才会让学生有内容可以写,有情感可以抒发。

3. 主动参与互动

注重家庭教育与学校教育的互动,同频共振,统一教育理念,确保教育观念达成一致。家长可以腾出时间,积极参加家长志愿者、家委会的活动,了解并参与学校的各项活动。利用自身的优势弥补学校教育的不足,家校共育,齐抓共管形成教育合力,推动学生的发展。

案例中,家长可以和学生一起做志愿者,参与文明城区创建。指挥交通,看似简单的一项活动,其实会碰到许多意想不到的事件,需要学生去应对,是一次很好的体验活动。而家长的参与,让亲子之间多了一个共同话题,让家长在参与中了解学校的活动,更好地做到家校互动。

4. 交流反馈效果

畅通密切的亲子沟通是家庭学习的基本保障,及时主动的家校沟通是了解学生学习现状的重要途径。家长既要注重安静和谐的家庭学习氛围,又要在密切的家校沟通中,了解学校课程的安排和教学方法、各阶段知识的教学进度、重点内容的常规教学方法等,以此来确定如何家校衔接。

案例中的母亲如果和学校及时沟通,就能理解学校安排学生参加志愿者活动的目的,也会支持这项活动。如果和学生的沟通多考虑学生的想法,走进学生的心里,那么对亲子关系会有实质的推进。

只有实现家庭、学校、社会教育的有效衔接,推动学生的健康发展,才能建立全社会共同育人的大教育体系。

二、各个学段无缝衔接

▶ 案例2-2

小学教师与家长对入学不适应的反映

一位一年级学生家长说:"我的孩子上了小学人都变了,以前在幼儿园就是玩,现在读了一年级,每天背着小书包,一回家就要做作业。背诵的内容多,识字量大,一下子他还适应不过来。早知道这样,应该要报个识字辅导班,这样他就能很快适应小学生活,不会像现在这么累。"

一位一年级教师反映,班里的孩子在学习上的表现主要体现在:上课注意力不集中,有时候开小差、讲话、插嘴,玩手里的文具,无所事事;自制力差,管不住自己,老师布置的任务常常忘记,老想着玩……

从家长的反映来看,可能觉得幼儿园主要是玩,没有学习。幼儿园与小学在学习方面有着很大的区别,它们是两种不一样的学习。进入小学后马上进入系统的文化课程的学习,这需要一种与之吻合的学习状态,有些孩子一下子适应不了。

再从小学老师的角度来看这个问题,孩子在学习方面的不如意往往是由于学习态度、学习方法、学习习惯、学习品质等方面的欠缺,其实也说明了入学前学习品质养成的重要性。

案例中的家长不了解幼儿园学习的特点,片面认为一年级学习跟不上是因为没有参加辅导班。其实各类知识技能辅导班的参加或不参加,眼前的效果可能不一样,但是未来却难以下定论。很多案例显示,急功近利的灌输式教学和训练,在短期内可能获得一些家长想要的结果。如刚入学时孩子感觉很轻松,老师教的都会,每次考试满分。入学后的表象往往让家长对孩子的学习放松警惕,孩子们在什么都会的情况下出现了上课不专心,做作业不认真等现象,形成了不良的学习态度和习惯。随着教学内容的深入、难度的加大,许多孩子出现了适应困难,成绩下滑,导致"厌学"等问题的产生。针对这种现象,我们需要了解各个学段的特点及学习要求。

(一) 要符合各学段孩子学习的特点

1. 各个学段的学习特点与要求

《3—6岁儿童学习与发展指南》中指出:幼儿的学习是以直接经验为基础,在游戏和日常生活中进行的,要珍视游戏和生活的独特价值。要充分尊重和保护幼儿的好奇心和学习兴趣,帮助幼儿逐步养成积极主动、认真专注、不怕困难、敢于探究和尝试、乐于想象和创造等良好学习品质。忽视幼儿学习品质培养,单纯追求知识技能学习的做法是短视而有害的。

小学阶段是培养学习能力的关键时期。家长给孩子最好的礼物就是教会他学习。学会学习是一个综合能力,其中包含会整理书包、会倾听提问、会有计划地安排时间、会合理分配时间等。进入小学,孩子注意力的目的性增强了,注意力保持的时间逐渐持久,书面语言水平逐步增强。内在动机开始成为孩子们的学习动力,但是外在激励仍是孩子学习的重要动力。随着经验和知识的积累和不断提高,注意力、记忆力、理解能力、思维能力、表达能力等学习能力不断增强。

升入初中,知识跨度比较大,难度加大,学生要学会自主学习,学会独立思考。初中阶段,对学生的要求明显高了很多,由小学的具体形象思维转变为抽象思维,需要主动学习,不懂的就要多思考。学业规划能力、学习计划能力不断提升。学生容易在学习上积累较多的知识漏洞,需要做好查漏补缺,注重学习方法和学习意志品质的培养。

各个学段的教学相对独立,各自为战,导致学生在跨学段学习过程中产生学习障碍。搞好各学段的衔接,使之具有连续性和统一性,成为一个有机整体,科学衔接是我们需要研究的主要内容。国家教育部门先后下发的文件更加明确了学段衔接要求,如《国家中长期教育改革和发展规划纲要(2010—2020年)》提出了人才培养机制改革要"树立系统培养观念,推进小学、中学、大学有机衔接"的要求。《教育部2021年工作要点》也提出要出台并推动落实《幼儿园与小学科学衔接行动计划》。可以看出,学段衔接有着它的重要性和必要性。

2. 各个学段衔接的内容

基础教育主要涵盖了幼儿园、小学、初中、高中四个学段教育。每个学段在目标、要求、内容、形式、方法上存在一定的差异,这四个学段各成系统,虽然相互独立、存在差异,但又前后连接、互为贯通,科学有效的衔接能推动学生的持续健康成长。

不同学段的学生有着不同的学习目标和学习要求,2021年教育部出台了《教育部关于大力推进幼儿园与小学科学衔接的指导意见》(教基〔2021〕4号),两个附件详细说明了幼儿园入学准备以及小学入学适应的教育指导要点。幼儿园从身心准备、生活准备、社会准备、学习准备四个方面,小学从身心适应、生活适应、社会适应、学习适应四个方面提出了具体的教育建议。两者的区别是从准备逐步到适应。在学习方面,主要从好奇好问、学习习惯、学习兴趣、学习能力四个方面设定了发展目标与具体建议。因此我们应当从培养学习习惯入手,激发学生学习的兴趣,掌握不同的学习方法,帮助学生提前从生理和心理上适应新学段的节奏。

(1)学习习惯的衔接

良好的学习习惯是一种良好的非智力因素,应该从小注重学生学习习惯的培养。根据不同年龄阶段,培养不同的学习习惯。如大班下学期,要有意识地增加需要一定专注力和毅力才能完成的游戏和活动,保证幼儿有充足的活动时间能够专注地完成任务,能坚持做完一件事,遇到困难不放弃。到了小学,要鼓励儿童用图画、符号、文字等自己喜欢的方式,制订计划表或任务清单,指导和督促儿童按时完成,体会有计划做事的重要性。随着年龄增大,要学会对新学期的知识容量和难度有一个整体的认知和把握,会提前制订自己的学期目标。将学期目标分解成月目标、周目标并开始一步步实现,这样在升入高年级后就不会感到茫然,能够很快跟上新的学习、生活节奏。

此外,学习整理物品,将书包、桌上的学习资料分类摆放整齐,便于拿取,这关乎学习效率;桌面的整洁有序,关乎学生的学习专注度,这些细节方面的改进也是快速适应新阶段学习的"小妙招"。

（2）学习动机的衔接

学习动机是发动、维持个体学习活动，并使之朝向一定目标的内部动力机制。幼儿时期的学习动机是很不稳定的，他们的学习动机主要和自己的需要与直接兴趣有关。如学习是为了得到老师的表扬、父母的嘉奖等。幼儿时期的学习动机我们称为外部动机。外部动机是在学习活动以外的，由外部的诱因激发出来的动机。所以在幼儿时期，家长、老师应该多鼓励、多表扬孩子，激发他学习的兴趣。

研究发现，良好的学习方法可以培养学生的内部动机。内部动机指学生对学习活动本身感兴趣而产生的学习动机，学习活动本身就能使其得到满足，学习上的成功就是一种强化，无需外力的作用。随着年龄的增长，应该逐渐引导学生将外部动机转化为内部动机。调查显示，初中阶段知识学习更加系统化、综合化。需要引导学生"主动、自觉"地学习，不断改善自己的学习方法，规划自己的学习进度，归纳自己的掌握情况，不断提高认知内驱力。

（3）学习兴趣的衔接

学习兴趣是指一个人对学习的一种积极的认识倾向与情绪状态。中国古代教育家、思想家孔子曾说："知之者不如好之者，好之者不如乐之者。"物理学家爱因斯坦说过：

"兴趣是最好的老师。"儿童心理学家皮亚杰指出:"所有智力方面的工作都依赖于兴趣。"可见,兴趣在学习过程中起着非常重要的作用。当学生对学习感兴趣,那么他必定会以更积极的姿态投入学习。

世间所有兴趣源于好奇,每一个孩子都是好奇、好问的。作为家长,一定要精心呵护孩子的好奇心,确保孩子的学习兴趣得以延续。以语文学习为例,有些孩子在幼儿时期对汉字特别敏感,早在日常生活中就积累了不少词汇量。初入小学,课本中那些熟悉的汉字或将激发他们对语文的学习兴趣,家长要及时和老师保持沟通,让老师了解学生的现状,鼓励、支持、保护他们对语文的兴趣。随着年级升高,家长要了解初中阶段语文的学习重点,多听老师的建议,如多参加社会实践,多阅读报刊、书籍,多积累生活素材,等等。家校携手,不断激发学生对学习的探索兴趣,让学生对语文的学习热情持续下去。

(二)家庭教育建议

1. 不断学习

家长是教育工作中重要的合作伙伴,我们建议家长平时可以学习一些教育、心理方面的知识。了解学生不同阶段的年龄特点、认知规律,掌握一些衔接知识。如幼儿园大班阶段孩子的家长可以翻阅一下《上海市幼儿园幼小衔接活动指导意见》，虽然这是一本面向教师的专业指导用书，但是对家长也有指导作用。通过学习，家长可以了解如何把养成倾听习惯、学习积极思考、敢于表达表现、学会自我控制、学会自我保护等有机渗透到每日生活中。家长在自主选择相关年龄段家庭教育书籍的同时，多学习一些学校推荐的书籍，多关注学校及教育局的相关公众号。只有不断学习，才能更好地做好家校的衔接配合。

2. 主动沟通

沟通是信息的传递，在沟通中能获得最及时、最前沿、最真实的信息。实践证明，良好的沟通能增进对彼此的了解，在解决问题时能起到统筹兼顾、未雨绸缪的作用。然而在现实生活中，很多家长因为忙，和老师的沟通少之又少，也有些家长因为没有和老师良好沟通导致事情的发展与预想的结果南辕北辙。有效沟通，掌握正确的沟通方法和技巧显得非常重要。

教育是一个专业性比较强的领域，有其特有的规律和特点。有时"瞎做"还不如不做。家长和老师的沟通内容可以针对各个年龄段孩子在学习方面存在的不足与困惑。可以围绕学习环境、课程内容、学生心理变化、学习方法变化等内容和教师交流沟通。

家长在和老师的沟通中还要注意沟通的时机。学段衔接前可以向老师了解学生在进入新的学段前,要准备些什么,包括生理、心理、学习习惯、学习能力等方面,作为家长要配合做些什么,等等。

学段衔接中可以及时了解学生在进入新环境后的具体表现,如是否适应新的环境,是否跟得上老师的上课节奏、是否掌握新的学习内容等。及时沟通,能及时了解衔接中出现的一些问题,家长可以及早介入。

学段衔接后,作为家长要和老师保持顺畅沟通,经常聊一聊。学生在学习的过程中会出现一些反复,作为家长,只有经常和老师沟通,才能第一时间了解学生的学习状况。

值得注意的是,倾听是沟通中的核心过程,它是一种态度,也是一种情绪。在与老师沟通的过程中,家长可以多听听老师的建议,能有助于全面了解问题,更好地解决问题。

3. 避免"雷区"

在学生成长的过程中,我们会碰到许多"雷区"。我们应该关注学生特定时期的心理变化,重视跨学段时期产生学习困难的现象,分析成绩急剧下滑的原因。千万不要"以爱之名"做一些违反成长规律的事。如遇到学生青春叛逆期,家长要学会必要的沉默、学会倾听,平等相处,避免过多或粗暴的说教引发亲子矛盾。只有了解学生成长中的几个关键期,才能正确面对,泰然处之,使学生平稳度过衔接阶段。

简而言之,如何有效衔接,是一门学问,家长要正确理解并重视衔接的重要性,然后去探究如何做好与学校的衔接,确保学生顺利度过每一个衔接阶段。

三、发展关键期融合衔接

● 案例2-3

超长假期综合征

作为学生,最为期待的应该是假期的到来。然而,让许多学生至今记忆犹新甚至刻骨铭心的假期,非2020年的那个长达4个月的寒假莫属。因为这一年,受到新冠肺炎疫情的影响,学生不得不在家度过4个月的"裸奔"学习时光。

于是,经历了悠长假期,复学初期,上海的不少医院迎来了中小学生就诊"小高峰"。据统计,其中多数孩子的问题集中在心理调适、视力衰退、呼吸道感染等方面。另外,很大一部分学生在校期间出现了头晕、胸闷、肚子疼等症状;同时,他们在学习上都面临着同样的问题:散漫、浮躁、焦虑、注意力涣散,面对迎面而来的学业任务茫然不知所措,生活与学习似乎都处于"断档"的状态,发现自己与校园生活格格不入……

在学生身上发生的这些从"假期慢节奏"过渡到"开学快节奏"的不适应现象,通常称之为假期综合征或者月曜效应。由于我国古代把现在的星期一叫作月曜,而通常周一都是默认为开学或上班之类日子的重启日,所以心理学家便将这种现象命名为月曜效应。目前泛指从自由懒散的状态转换到规律紧张的状态的一种自然应激反应。

首先,从月曜效应本身分析,归纳起来主要体现在两个方面。一是心理或精神方面:经过一段自由放纵的假期之后,很多学生沉浸其中,无法适应忙碌紧张的学习生活,往往产生厌学、注意力衰退、上课走神、效率低下、头昏脑涨等精神方面或者心理方面的症状。二是身体或生理方面。假期中的晚睡晚起等生物钟的紊乱、三餐变为两餐、暴饮暴食等作息及饮食不规律引起了身体的适应性下降从而引发不适症状。

其次,从月曜效应产生的内在本质原因分析,概括起来就是四个字:缺乏自律。每一个自律的假期都是"弯道超车"的最佳时机,反之,每一个放纵的假期便会沦为学业生涯的"滑梯"。然而,学生年龄越小,他们爱玩、懒惰的天性就越显著。脱离了学校和教师管束的同时,家庭教育的缺位是直接导致学生失控的根本原因。每一位自律的学生最初都源于他律,每一位优秀自律的学生背后都隐藏着善于教育和管束的家长。因此,从月曜效应映射出家庭教育的问题。我们必须进行理性分析,梳理应对措施。

　　除了以上案例呈现的在学生身上存在着的假期综合征,事实上,这种现象也时常发生在家长和教师身上。从家长层面分析,主要体现在两个方面。一是亲子关系的转变,从假期相安无事的"慢生活"和谐关系转变为期望孩子尽快适应校园生活的"恨铁不成钢"的矛盾甚至对立关系。二是亲子对话的无效(或低效)。面对如此紧张的局面,家长的语言也显得更为主导甚至暴力,如"在开学前必须把作业全部补齐""明天必须 6 点起床"等。这些都造成亲子沟通无效或低效。

(一) 关于假期综合征的原因分析

1. 认识程度不足

（1）学生角度

　　原先学生在校期间学习压力普遍较大,假期的到来容易让学生产生一种报复性补偿心理,体现为彻底放松和尽情玩耍。网络数据显示,经调查 84％的学生认为目前学校放假时间太少,平时学习紧张,休息和娱乐的时间不够,假期就应"放开了玩和休息",尤其在自我管理和控制能力较弱的学生身上,此现象尤为显著。当然,假期适当地放松是应该的,但放松并不等同于睡懒觉、无限制上网、无节制看电视等。这些消极的放松,易打乱人体的生物钟,造成植物神经功能紊乱,其结果是越"放松"越疲劳。

（2）家长角度

家长对孩子的假期安排没有足够的重视,缺乏帮助孩子对假期作出科学安排的能力。通常表现为两种现象:一是放任自流,让孩子完全按照自己的意愿度过假期生活,缺乏监督和指导;二是过分严格,让孩子过上"鸟笼式"或"恶补式"的假期生活。

（3）学校角度

学校假期宣传教育工作不够深入和细致。虽然假期前的注意事项提醒已经成为了常态工作,但是对假期作业的重视高于对假期好习惯的培养;对学生教条式的教育多于情感的沟通和共鸣。因此,此类流于形式的提醒无法做到入心,甚至连入耳也做不到。调研数据显示,就学生假期作业完成情况来看,42.7%的学生通过抄袭的方式来完成假期作业,22.9%的学生干脆不交作业,只有34.4%的学生能按时独立地完成假期作业。这些数据从一个侧面反映出学校假期前教育的效果不容乐观。

2. 假期规划缺乏

一旦对假期时间缺乏统筹安排,假期生活便会出现随意性和盲目性。调查数据指出,在假期时间配比安排上,学生用于学习的时间只占6%,用于体育运动的时间也只占

7％,而用于上网的时间占到 44％。真正丰富而有意义的假期生活内容应该包括：学习、阅读、娱乐休闲、社会实践等多方面的内容。学生应该根据家庭情况和个人实际情况,科学合理地分配假期时间,做到既放松了身心,又充实了生活。尤其要保持一定的学习"惯性",这样才能避免假后出现学习上的脱节感和疲劳感。

3. 主要角色的缺位

调研数据显示：在向学生征集"如何才能克服假期综合征"这一问题的答案后,79.1％的学生能够认识到合理安排时间的重要性。学生行为表现与思想认知上的明显差异,关键原因还是未成年的学生自我约束能力不足。也就是说,很大一部分学生不是不想做,而是做不到。在这关键时期就需要家长和老师的及时介入,帮助学生战胜困难,正确引导学生过上一个愉快、充实、有意义的假期。

通常在正确引导学生方面,家长和老师普遍都会存在严重的缺位。从家长的角度来看,家长在假期中或因认识不足,或因忙于事务,对孩子的关注度不够。对孩子的一些所谓不良行为,常常用简单粗暴的方式加以矫正,极少与孩子平等地对话与交流,共同找到合理的解决方法。从教师的角度来看,目前的情况是,放假期间基本上将教育的责任全部交给家长,这种责任的完全转移,必然会使假期教育的效果大打折扣。

（二）避免假期综合征的家校协同的理性做法

想要避免假期综合征的发生，学校和家庭必须共同做好科学有效的衔接工作，统一战线，互相配合，目标统领，共同努力。

1. 家校合作，宣传造势，统一目标

作为家长要尽快调整好自己的状态，有意识地传播正能量，主动逐步恢复与教师的沟通联系，向教师征询一些有参照性和实践性的"收心"策略等。家长、教师在营造开学的良好氛围的同时统一教育的目标：比如可以在教师的建议下，从小处着手，共同为孩子制定一个小目标，携手合作帮助孩子改善一个小的作业习惯，等等。

2. 云端聚会，拉近距离，展望开学

经过一段假期，师生的默契度必定有所降低。家长要成为教师和孩子联系沟通的桥梁，如以电话或互联网等方式与班主任取得联系，鼓励孩子与教师一起回顾假期生活，在线共话成长，共同展望和憧憬新学期，有效缓解焦虑和陌生感。同时，家长也可以为孩子们购买新的学习用品，聊聊新学期的愿望，等等，让学生对学习有新鲜感。

3. 运动助力，阅读静心，提升效率

家长应在开学前帮助孩子逐步养成运动的好习惯，运动强度逐渐递增,选择孩子喜欢的项目和方式,从原来懒散的状态中脱离出来,重新回归学习的节奏。同时,父母和孩子一起养成阅读的习惯,让心灵回归宁静的状态。动静交替,为开学奠定基础。

4. 齐心策划,激活动力,重新出发

充分发挥孩子的主动性和积极性,开学前夕家长可以和孩子一起策划开学准备工作,可以是一场放松的电影、一次愉快的聚餐、一次书店的亲子体验,等等,让开学前夕的日子快乐、有趣、愉悦、难忘。让开学更有仪式感,让学生满载着期待和憧憬返回校园。

（三）家庭教育建议

假期是学生发展至关重要的转折时期,他们大部分时间是与父母及其他家庭成员共同度过的。因此,对于孩子假期的管理和教育,不仅仅是学校单方面的责任,更是家庭教育的一项重要任务,也是家庭不可推卸的职责。正确的家庭教育,绝对不是放任和娇惯,而是用规则和教养,去除学生天性中的任性与散漫。成就一个优秀自律的学生,少不了家校的紧密携手配合,更少不了家长悉心的陪伴、科学的管教及严格的监督。

1. 做时间的主人——培养时间管理能力

充分的利用、合理的安排,发挥时间的最大功效是许多成功人士的最大秘诀。通过家校共育，才能让学生学会科学地规划和支配时间，让孩子真正成为时间的主人。

教育小妙招之行动计划表——在制订前，要统筹学校的要求与安排、学生的学习兴趣与需求并在家长的审核之下进行，既尊重学生意愿，又契合发展需求。在时间的配比上，既有学习的时间，也要有阅读等满足孩子兴趣的时间，适当地安排家务和外出。计划制订后的执行情况要有即时的记录和更新，保证计划实施的质效。建议制订时，随着年龄的增长逐步细化，年龄相对较小的学生在制订计划时宜粗不宜细。同时，对于每天的学习时间段、学习内容的记录可以相对详细一些，并鼓励孩子为自己定一个学习目标，低年龄的学生可以在计划表中渗透父母对学习任务完成情况的评价记录，并且获得相应的奖惩。

2. 做习惯的主人——锤炼行为控制能力

著名教育家叶圣陶先生说："什么是教育，简单一句话，就是要培养良好的习惯。"学习习惯一般分为三个层次。最低层次是需要外部的强制力量的不自觉行为；第二层次是不需要外部的监督，但还需要自己的意志力的较自觉的行为；最高层次是既不需要外部监督，也不需要自己的意志力的自动性行为，是一种定型动作习惯。

教育小妙招之行为契约法——可以根据学生的个体发

展特点制定父母与孩子之间特有的"行为契约"。这份契约的价值在于从简单粗暴的命令和服从转变为双方民主协商后的共同遵守和自觉执行，运用"绳子定律"发挥互相牵制的作用。只是几个简单的步骤，一份行为契约就完成了。家长严守承诺，接受孩子监督，孩子不仅可以感受到家长对契约的重视，也会学习信守承诺，自控自律。比如当今的各类电子设备：计算机、手机、平板电脑等对学生的诱惑力之大令人瞠目。在使用电子设备这件事上，家长和孩子可以就每天使用频率、时间等要求设定具体的契约，共同遵守。这不仅仅让孩子从他律走向自律，更是家长和孩子共同成长和进步的良好契机。

　　3. 做问题的主人——提升应变处置能力

　　真正成功的教育不在于告知孩子遇到问题该怎么做，而在于教会孩子应对和解决问题的方法及能力。比如，教会学生如何应对自己的行为、解决问题、情绪管理等。这恰恰将是影响孩子一生发展的重要技能。

　　教育小妙招之延迟回应法——当孩子在学习生活中遇到困难时，很多家长急于帮助孩子一路披荆斩棘，清除障碍，剥夺了孩子自己面对和解决问题的权利。比如一家人去饭店吃饭，发现孩子少了一副筷子，家长在第一时间去招呼服务员补上，不起眼的小问题瞬间迎刃而解。那么，有朝一日家长或许会发现教室里自己的孩子由于没有及时完成假期作业而惊慌失措进而选择逃课的情景,或许还会看到孩子因座位上缺了一把椅子而不知所措的样子。

心理学上的延迟满足,是可以激发孩子内在潜能的。由于发育的原因,青春期的孩子更难控制情绪。当孩子因为一场考试的失败而生气甚至发狂时,请家长一定要控制好自己的情绪和教育的节奏。很多时候,等到孩子的眼泪流出来,情绪释放出来,再和孩子平心静气地谈一谈会更有效。

四、手段、途径有机衔接

⊙ 案例 2-4

进入重点高中之后……

一位孩子就读于某市重点高中的妈妈介绍自己孩子的情况。原本在初中阶段各方面一直非常出色的儿子进入了众多优秀学生云集的重点高中之后,似乎再也找不到优越感和存在感。尤其在期末考试之后,只要成绩不理想,都会爆发"家庭战争"。身为高级知识分子的父亲的说教甚至指责引起了孩子强烈的反感,孩子常常以沉默回应父亲,甚至渐渐出现厌学的情绪。而此时的母亲如果再劝说丈夫,又会因为夫妻间的意见分歧而冷战不断。

就在这位妈妈倍感焦虑寻求班主任帮助的时候,班主任从母亲处了解到父亲相对强势和偏执的个性。于是,班主任觉得采取正面沟通的方式可能会起到反作用,她向母亲推荐了学校的微信公众号,里面定期推送专家的讲座和家教文章。起初,母亲把链接发给丈夫的时候,受到了忽视和冷落。直到有一次考试结束后,母亲推送了一篇《拿到成绩单后,请和孩子一起打败问题,别和问题一起打败孩子》的文章给父亲。这篇文章对症下药,直击痛点。于是,醍醐灌顶地唤醒了父亲,避免了下一次的"家庭战争"。父亲正在慢慢地改变……

首先,说说案例中父母的教育方式。父亲作为高级知识分子,对原本一直优秀的儿子有着过高的期待和过度的苛求,难以接受孩子的平凡,过于注重孩子的成绩。另外,他在教育孩子的过程中,使用的方式不合适。他没有考虑到孩子考试失利后的情绪,只想通过单方面一味的说教来强迫孩子接受,无异于一种语言暴力,只会引起孩子的逆反心理。同时,虽然案例中的母亲意识到丈夫的教育方法不妥,但是由于父亲在教育子女上的强势和主导,造成母亲相对顺从或迁就丈夫的教育方法,对孩子的教育非常不利。

很多时候,孩子身上一旦发生问题,父母最为直接也是最常用的方式就是讲道理,也就是通常意义上的说教。对此种做法卢梭曾经在《爱弥儿》一书中提到:"跟孩子讲道理是最无效的教育。"有心理学研究指出,从讲道理到接受道理,中间的距离可能很远。一个人能否接纳别人的观点,首先取决于情绪,其次取决于对方的行为,最后才是对方的语言。其实,从这一点来说,成人是这样,孩子也不例外。对孩子讲道理,其中的教育意图过于外露、过于明显,随着孩子年龄的增长,他们的接受度越来越低甚至可能起反作用。

其次,谈谈案例中教师的处理方式。当学生母亲向班主任求助时,班主任及时和母亲沟通,详细地了解并梳理了问题的症结所在。理性思考解决的方式,根据班主任对父亲的脾气个性的分析,没有采用直接沟通的方式,避免了不必要的正面冲突和矛盾,而是采用迂回婉转的方式,凭借互联网的信息优势,使用线上的第三方媒介作为沟通的方式先行打开父亲的心结,更正教育的理念,让家长学会自省和领悟。这种方式实现了事半功倍的效果。

上述案例充分说明家庭与学校的联系非常重要。学校教育需要家庭教育的配合与支持,家庭教育需要学校教育的引领和导向,两者有机结合,共同对孩子施加教育影响,才能保证良好的教育效果。一方面,家庭要树立科学的教育观,主动了解掌握孩子情况,积极了解参与学校教育,切实学习掌握科学的教育方法。家长必须根据实际情况寻求最有效的沟通途径,真正达到家校共育的良好效果。另一方面,学校要协调与家庭方面的关系,有效促进家校沟通,办好家长学校,积累教育经验,发挥家长的积极作用。

(一)家校衔接的价值和意义

1. 培养良好道德品质,发展个性

通过家校衔接工作,才能充分、全面地了解学生的道德品质、个性特点等发展情况,因材施教,正确促进和引导学生健康成长。

2. 激发学生学习兴趣,营造环境

学生学习兴趣的培养是一个重要的、长期的、系统的工程,这需要教师和家长共同担负起责任。为学生营造健康成长的良好环境,帮助学生树立积极、乐观、向上的人生观和价值观,激发他们对学习与生活的兴趣与热情。

3. 提高学生综合素质,双向接轨

当下的教育目标是提高全民的综合素质,培养符合社会发展需要的高素质人才。往往学校教育侧重于真、善、美的正面教育,而学生在家庭、社会却耳濡目染纷繁复杂的社会现象。这就要求学校教育改变封闭式的教育管理模式,创设一种开放式教育管理模式,即与家长合作,充分发挥家

庭的教育职能,共同促进学生综合素质的发展。

4. 提高家校教育水平,合作共进

家校合作教育的过程,是一个共同进步、螺旋式提升教育水平的良性循环过程。家长在学校教育的正确引领下,不断与时俱进,更新教育理念和行为;学校也在家长的参与监督下,优化教育行为,提升办学水平。

（二）家校衔接的多种途径

家庭是学校重要的合作伙伴,新时代的家庭教育向学校提出了新要求:它强调了学校与家庭要进行双向衔接及互动,既要帮助家长提高教育水平,又要实现家庭和学校的配合与共同管理。想要真正赢得家长的理解与支持,深度挖掘家庭蕴藏的教育资源,就必须充分开发家校衔接的多种有效途径和方法。

1. 线上、线下相结合

此案例中的班主任运用了线上和线下相结合的家庭教育指导方式。如今,在"互联网＋"的背景下,互联网已经将学校和家庭连接为一个整体。通过学校网站、微信公众号、QQ群、微信群等网络平台,共同探究教育方法,逐渐从传统的单向家校沟通转变为多个分支交互的网络结构,使得家校沟通交流更便捷。同时,也可以利用在线学习等多种网络手段,更全面、更多维地就学生的学习生活进行同步的互动交流。

线下的家访、家长会等方式帮助教师与父母进一步了解学生的在家及在校的表现,教师更深入地了解父母的教养态度和方式,帮助父母获得有效的教育信息,有利于双方采取更为有效的教育方式促进学生的成长与进步。

2. 参与、评价相结合

在条件允许的情况下,家长定期参与学校开放日活动,观摩或者参与亲子活动等,都是最为直接和有效的评价自己孩子的方法。家长在参与过程中,不仅了解了自己孩子的发展水平,更在观摩其他学生行为表现的过程中客观地比较与评价孩子,有助于全面科学地了解及评估自己孩子的发展水平。使家长的参与意识、角色意识、教育观念、教育策略发生较大的变化,实现了多方位、多角度、深层次的家校互动。

3. 体验、管理相结合

为了充分调动家长参与学校管理的积极性,体现民主管理。家长要主动参与学校提供的多种形式的角色体验机会,例如"家长进课堂""家长做一日校长"等体验活动。家长在与教师的角色互换中,学会换位思考,学会站在校长、教师的角度看学校管理及班级管理。同时,聚集不同行业家长的教育智慧,在探讨商榷中擦出智慧的火花。

除此之外，更多有效的家校衔接途径和手段在实践中的不断尝试和运用，真正实现家校合作、家校共育，开拓家长工作的新局面、新视角、新内涵。

（三）家庭教育建议

1. 与孩子有效沟通的妙招

作为父母，经常要面对孩子的考试后遗症或青春期叛逆等一些令人头疼的问题。其中，最关键的核心问题是父母与孩子的沟通技巧。只有用对方法，掌握技巧，才能让家长的用心良苦真正被孩子所理解，不妨试试以下几个家庭教育小妙招。

（1）学会换位思考，提高共情力

曾经有育儿专家提到："共情，在育儿手段中，是一种非常科学的方法。"孩子无论是处于哪一个成长阶段，最渴望的莫过于被理解和包容。当孩子闹情绪时，更多时候孩子要的不是父母的大道理，而是希望父母给予理解，哪怕只是一个简单的拥抱。

教育小妙招之换位思考法——家长要摒弃成人的固有思维模式，不仅仅凭借自己的经验去教育孩子，而是从孩子的角度去真正了解他们的所思所想。学着去认可和理解孩子的想法，站在孩子的角度去沟通，这样才能起到好的效果。

（2）学会循循善诱，提升破解力

如果孩子叛逆甚至发脾气，归根结底都是有原因的。父母要循循善诱，引导孩子说出自己的想法，以达到理解孩子、缓解情绪的目的。作为父母必须要智慧地应对孩子的失控行为。

教育小妙招之循循善诱法——下面以叶圣陶先生的教育案例为例，来看看"四块糖的故事"。

叶圣陶做小学教员时，有一次在校园内行走，无意间看到一个男孩举起一块大砖头，正想向另一个男孩砸过去。叶圣陶赶紧上前制止了他，并请举砖头的孩子去办公室谈谈。当叶圣陶来到办公室时发现该学生已站在那里等他，叶圣陶温和地递过去一块糖果，并说："你来得比我准时，这说明你很守时，奖励你的。"之后又拿出第二块糖果，说："你能听从我的训斥把砖头放下，这是你对我的尊重，为了这一点，我奖励你第二块糖果。"学生半信半疑地拿了过去。这时叶圣陶又拿出了第三块糖果，说："听其他学生说，你要打的那人欺侮女人，所以你才动手教训他，从小就有正义感，这是奖励你的第三块糖。"当叶圣陶拿出第四块糖时，该生已经泪流满面，有悔改之意。叶圣陶接着说："你已经知道武力不能解决问题，看到自己的错了，因此我把最后一块也给你,奖励你知错就改的好品质。"

此案例告诉家长对于孩子的过失或错误的行为,如何以鼓励的方式循循善诱地进行引导和教育,有艺术性的沟通才能真正让孩子心服口服。

(3) 学会顺其自然,提高理智力

有些在学生成长过程中发生的问题,是成长过程中的必经之路,父母需要提前认识到这点,摆正心态,顺其自然,做一名理智的家长。

教育小妙招之顺其自然法——例如孩子在幼儿期似懂非懂的懵懂阶段,都喜欢用哭来解决问题,父母不必急于满足或者急于解决,先要了解现象背后的原因是什么。在孩子故意想达到目的而哭闹不止的时候,不妨干自己的事情,冷处理一会儿;也不要急于开展批评教育,平淡点对待孩子的哭闹。当他们发现哭闹无用时,自然会慢慢冷静缓和下来,所以大多数时候,孩子会自己平复情绪去与父母"重归于好"。

2. 与学校有效衔接的技巧

目前,家校衔接的重要价值已得到了全社会的普遍关注,但家校合作中也存在合作双方主体责任界限不清、职责不明,甚至越位、错位、越界等混乱现象,一旦家校在合作中边界模糊,就会影响家校合作的运行。为此,学校与家庭在共同育人的过程中,要明确分工,厘清职责,明确家长在家校合作中的角色和定位。

(1)互信与尊重,尽责不越位

对学校教育本着充分信任与尊重的原则,要意识到家校的教育目标的一致性。比如学科知识教授是学校的责任,学校有一定的权威性和专业性,家庭教育不宜在学校教育的基础上任意地调整、重复、加深或拓宽学科知识教学,做到积极参与而不越位。

(2)支持与承担,帮忙不添乱

家长应配合、辅助学校完成各项工作。通常主要形式就是帮助学校提高办学质量,比如,可以充分发挥各类资源优势,为学校提供教育资源或积极参与志愿服务活动,支持学校各类活动的正常开展,监督学校事务管理,提出不同的看法作为参考,共同承担起教育孩子的责任和义务。避免在未取得学校同意的情况下擅自开展活动,给学校添乱。

(3)肯定与赞赏,配合不敷衍

在家校共育过程中,不吝惜对孩子的及时鼓励和赞赏,更要意识到学生通过学校教育获得的成长与进步。肯定学校及教师的付出,并密切配合学校做好各项工作。对学校布置的任务,不敷衍塞责,不打折扣,不与学校的教育方针背道而驰,以形成教育合力。

（4）谅解与沟通，宽容不抱怨

家校合作，不仅体现在具体行动上，更反映在支持老师的工作，与老师在教育目标、教育观念上始终保持一致。在遇到家校矛盾时，家长应以平和的心态积极应对、有效沟通，这样才能架起孩子与老师沟通的桥梁，智慧地化解矛盾。

第二节　正确实施家庭的学习管理

学习是基于自主的，它需要科学有效管理。家庭学习管理主要包括对学习的内容的管理、对学习的情感的管理、对学习的行为的管理、对学习的成果和环境的管理这五个方面。

一、对学习内容的管理

有些家长常常会说，学习内容有什么好管理的？考试考什么科目又不是家长说了算的。这样说是对学习的片面认识，孩子成长所要学习的不仅仅是学校要考试的课程，还有如何端正自己的学习态度，选择学习的内容，培养好的学习习惯,等等。

我要学日语

小群今年高二,刚放暑假,妈妈来咨询。妈妈说,高二至高三的这个暑假很重要,她给小群安排了几门学科的暑期补课,小群就是不愿意去。

妈妈认为女儿在这之前不肯去补课,也就算了。现在眼看高三将至,别人都在补课,自己孩子不肯补课,那就是明显吃亏,毫无道理。母女两个人几番争执后,女儿放下狠话:"你再叫我去补课,可以,我去了就不回来了,我离家出走。"妈妈想不通,又不敢逼迫女儿。妈妈判断女儿是青春期叛逆,希望咨询师可以帮忙解决问题。

咨询师听了小群妈妈的倾诉,建议小群妈妈先不要强迫女儿去补课,先听听女儿的想法。女儿说了不愿意干什么(不想去补课),但她还没说她想要干什么。不如回去问问女儿,不去补课,这个暑假,她想干什么?

第 3 天,妈妈打电话给咨询师,说小群的条件是这样的:这个暑假,除了完成暑假作业,她的主要时间想学习日语,她要考日本的京都大学,她要学动漫设计。开学以后,每个双休日,有一天的时间得由她自己安排学日语;其他时间随便父母怎么安排。只要答应她这个条件,她承诺一定每天完成作业,周一到周五认认真真读书。妈妈询问咨询师,这样的条件是否应该答应。咨询师告诉她:答应比不答应要好很多。

第 2 年,小群被日本京都大学录取,进入与动漫设计相关的专业。妈妈特意联系咨询师,表达谢意。表示幸亏当初听了咨询师的话,没有反对女儿学日语的安排,现在女儿真的成功了。

案例中小群的坚持己见,看似青春期叛逆的表现,实际上是自主性的胜利。如果小群父母在家庭教育中有关于这个方向的讨论和共识,小群就不必用这种抗争的方式来达成自己的目的。

家庭教育所针对的学习内容,要比学校教育宽泛。可以把学校教育的课程体系,包括音乐、美术、体育等在内,形象地理解为"规定动作";家庭教育,还需要切合孩子和家庭实际的"自选动作"。选择哪些"自选动作"? 如何科学合理分配"规定动作"和"自选动作"的时间? 这也是家庭教育学习内容管理的主要工作。

（一）对"规定动作"的管理

"规定动作"当然需要管理，下面以语文、数学、英语 3 门学科为例来说明如何做好"规定动作"的管理。语文、数学、英语学科特征不一样，学习的方法也不一样，它们在起步时候的要求和学习方式，与到了中学以后的要求和学习方式也不一样。至于语文怎么学、数学怎么学、英语怎么学，老师在教学中会让孩子逐渐明白，而家庭教育是支持孩子学习的最主要、最重要的力量。

中小学教育是有一个时间轴的，孩子们的学习大致分为 3 种情况：一是跟上教学节奏，二是超越教学节奏，三是跟不上教学节奏。这个节奏不仅仅是频率和时间的概念，还包括学习程度。孩子每一门学科分别是哪一种情况，不同情况需要学习的内容是不一样的。跟上节奏的，需要对该门学科精益求精，力求稳定和精准；跟不上节奏的，需要回头研究和填补漏洞；超越节奏的，需要延伸拓展或扩大学习面。这就意味着孩子们的学习内容选择是多元的、丰富的。

再以体育来讲，如果仅仅是为了在中考中获得一个可以接受的分数，孩子只要跟上节奏就可以，跟不上的（比如实心球不行）针对性练习就可以；如果孩子的体育发展是超越节奏的，并且成为他的个人优势，那么就有可能会考虑把体育作为专业方向,那么家庭学习计划中要把体育作为一个重要的学习内容,孩子需要坚持和扩大针对性的训练。

（二）对"自选动作"的管理

学校有美术课,但是如果孩子要走向工艺美术专业,就需要增加美术的学习内容;学校有音乐课,但是如果孩子要考音乐学院,靠学校的音乐课是远远不够的;学校有体育课,但是如果孩子想成为第2个刘翔,那么孩子的体育学习空间不在学校。每一个家庭,都有可能需要根据孩子的实际情况,在学校教育"规定动作"的基础上,增加校外学习"自选动作"。

孩子的精力、体能、时间是有限的,家庭的社会资源协调能力也各有千秋。如何作出合理的选择,并恰当地实施,就需要有效管理"自选动作"。

案例2-6

受伤的美人鱼

小小是一名八年级女生,11月份她爸爸来寻求咨询师的帮助。因为女儿在某民办初中学习成绩一直滑坡,而且出现厌学现象——作业不肯做,不愿意去学校。看过心理医生,说压力太大,有抑郁倾向。希望父母放宽要求,不要给小小压力。

父亲认为自己对女儿很宽松，考什么学校都可以，进中等职业学校也可以；可能是妈妈太焦虑，对女儿施加了很大负面影响。妈妈不仅焦虑，还对丈夫有怨言，认为丈夫对女儿的安排是错误的。造成今天这个局面，全是丈夫的过错。

小小其实一点也不小，身高 176 厘米，身材匀称，体格健壮。从幼儿园起就参加游泳训练，小学时已经成为地方体育局主办的俱乐部的候选专业苗子。小学阶段，小小很辛苦，学校放学后，要立刻去游泳馆训练。她的体能消耗很大，作业时间变少，休息时间总是卡得紧紧的。同时，与高强度训练有关，小小白天上课经常会睡着。但小小确实是游泳的好苗子，参加市青少年运动会，捧回 2 枚金牌。按照成绩，有望在初中时参加全运会。但是，在六年级的时候，医生发现她脊柱侧弯，经过慎重考虑，放弃了游泳，不再参加专业训练，只是偶尔进行自我锻炼。

现在，将近 2 年过去了，小小的游泳荒废了，文化课还是很难突破，老师总是批评她没有努力（小小在训练期间已经养成不熬夜的习惯）。而且因为身高和长相在班级女生中显得比较成熟和惹眼，同学们给她取了个绰号,叫她美人鱼。这个绰号倒也没什么不好。可是,有些男孩子总是嘲笑她,小小很恼火。小小不想去读书,跟这些都有关系,最根本的原因是她对自己的不认同。她已经不再是运动员小小、金牌小小,也无法成为好学生小小或普通学生小小,美人鱼小小也不对,超级倒霉的小小好像才符合她的现状……

基于这样的基本情况,咨询师建议小小爸爸鼓励女儿不要放弃游泳,但也不要再参加竞技比赛的专业训练;保持着游泳的特长,考个普通高中,运用游泳的特长,把体育学院和师范院校体育系作为学业发展的方向。并且邀请小小一起,进行了一次家庭咨询,讨论了这个问题。寒假,小小离开那所民办学校,回到自己学区所在地的普通初中学习,并逐渐找到了作为一个普通学校普通学生的学习节奏感,中考以后,顺利进入某普通高中。

个案中小小的学习内容,包含占据相当多时间的游泳训练。在前后两个不同的发展阶段,游泳对于小小的意义是不一样的。家庭对于游泳的管理(包括时间分配、训练强度、训练频次、训练目的等)都是不一样的。对于"规定动作"——文化课程的学习和"自选动作"——游泳训练,总体上构成了小小的学习内容。这个管理,不是小小一个人的事情,是需要获得整个家庭的认同和支持的事情。

(三)选择的依据

"规定动作"不能不选,但是对于"规定动作"的侧重点和辅助资源配给,家庭需要作出选择(比如语文,要不要参加社会培训机构的作文辅导训练班);"自选动作",家庭当然要作出合理的选择。那么选择的依据是什么呢?答案只有两个:一是孩子的实际情况,二是对应的背景情况。

1. 孩子的实际情况

孩子的实际情况,至少应当包含以下重要因素。

(1)文化课程的学习能力(包括在文化课程学习中的自我效能感)。案例2-5中的小群文化课学习能力强,案例2-6中的小小对文化课学习没有信心。

(2)智慧倾向性(包括对不同学科的能力差异),即在多元智力结构中哪一个领域更擅长一些,哪一个领域差一些。案例2-5中的小群比较擅长学习语言,她喜欢学习,但她喜欢按照自己的方式学习。案例2-6中的小小更擅长体育。

(3)孩子的聪明程度,即通常所说的智商(不必测试,大致有个预估)属于人群中的前段少数、中段绝大多数还是后段少数。

(4)孩子对待学习的态度,从喜欢到讨厌,在哪个位置上？孩子在学习中的快乐程度，从快乐到痛苦，在哪个位置上？这并不需要家长对孩子进行所谓的精准测试（实际上也精准不了），只需要家长凭生活经验有个大致的估计就可以。

2. 对应的背景情况

学习门类和方向很丰富，"规定动作"和"自选动作"的有机组合，会给孩子创造很丰富的可能性。作为家长，需要收集和理解与孩子发展相关的背景资料，有助于做好家庭学习管理。

案例2-5中的小群喜欢动漫，社会上动漫是一个产业；小群所在学校与日本京都大学有留学招生通道。小群要学日语考京都大学不是心血来潮的胡乱决定，而是符合现实背景条件的。

案例2-6中的小小本来把参加全运会作为一个人生目标，现在需要放弃这个目标，选择一个新的方向。咨询师的建议也是符合现实背景条件的。

只要把孩子自身的情况与环境背景相结合，绝大部分家长都可以作出有利于孩子并且能提高学习动力的选择。

二、对学习情感的管理

对任何一项活动而言，参与者是投入积极的情感、饱满的情绪,还是投以消极的情感和抵触的情绪,基本决定了活动的质量和结果。学习,是一项高强度、高精度、高密度的持久性活动,对学习的情感决定了学习的质量和结果。毋庸置疑,家庭教育必须关注孩子对学习的情感。其中,自我感、效能感和意义感这 3 个要素会影响孩子对于学习的情感。

● 案例 2-7

不快乐的悦悦

悦悦是一名七年级男生,他不快乐。悦悦爸爸妈妈也不快乐。妈妈前来咨询,说悦悦在学校里总是顶撞老师,老师再怎么批评教育也无济于事,检讨书写了一份又一份,都没用。

咨询访谈后发现如下情况。

悦悦喜欢生物类知识,不喜欢语数英,尤其是数学和英语。班主任是数学老师,那个严厉的劲儿让悦悦很反感。班主任特别关心悦悦的情况,但凡悦悦有一点小错误,就立刻用微信通报悦悦妈妈。

妈妈说悦悦就像个小孩子,一天到晚无理由地顶撞别人;为什么一定要去招惹班主任呢? 自己学乖一点,哪怕装也装得老实一点,有那么难吗?是不是有什么心理问题,比如多动症什么的?悦悦妈妈描述了悦悦在家庭聚会吃饭时候的表现——话很多,不听大人说话;真的让他讲一讲自己喜欢的动植物,又岔开话题和别人嬉笑,离开位置没大没小地绕圈子。都快八年级了,行为举止还像个小学生;可是说起一大堆道理时又像个老道士,像个小老人喋喋不休惹人烦。

咨询师告诉悦悦妈妈,他很正常,不用看心理医生。他还小,但他自己不想当小孩子,所以他表现出老道的样子,以此向周围的人表示他希望别人把他当大人看。在老师那边也一样,他顶嘴不是因为还小不懂事,只不过是讲他的道理来辩白,而老师却感觉这孩子不受教。

那么,他为什么一定要宣示自己不是小孩子呢?

这是因为成年人不把他当大孩子看。如悦悦妈妈所说,吃饭的时候,长辈们都用跟小孩说话的方式逗弄他。他自始至终成为话题焦点。这是不对的,这表明他还是小孩,没长大。以后,必须把他当大孩子看,跟他认真地谈话,哪怕保持安静也要比用对待小孩的口吻和他说话要好。饭桌上,成年人只管谈成年人的正经事,他只要听就好,他若问,认真回答即可。这样,他才可以真正长大,而不是证明和宣示自己不是小孩子。

孩子对学习的情感受到自我感的影响。案例中悦悦身边所有人,包括爷爷奶奶似乎都是具有很高专业水平的知识分子,天天围观着悦悦的学习表现,以鼓励他进步的名义在监管和督促悦悦的行为。悦悦用他的嬉皮笑脸和偶尔的倔强维系着他的自我空间。因为学习,悦悦成为家庭舆情的中心,而且舆情对他并不利。他的自我感是怎样的?通过观察可以发现,悦悦这样的孩子,对于学习的情感是不积极的,情绪是不快乐的,自我认同是扭曲的、模糊的其至可能是痛苦的。

(一)自我感

在自我感的形成过程中,快乐的体验起了很重要的作用。孩子成长的过程,其实也是一个快乐阶梯发展的过程。吃奶让孩子很快乐,一直把快乐停留在吃奶的阶段,孩子就体会不到放下奶嘴开口说话的快乐。缠着父母被宠溺着的孩子很快乐,但是一直停留在这一层的快乐,就会失去独立自主和社会活动所带来的自尊成就的快乐,孩子会因此而气馁,被宠溺的快乐最终也成了不快乐。阻断低层次快乐,获得高层次快乐,这是一个被称为象征性阉割的过程,又叫心理断乳。这是孩子由"小动物"成长为"人"的转型。研究发现,没有一个发育迟滞的儿童是快乐的,这就是事实。简单地说,必须在生命发展的转型时期,阻断低层次快乐,获取高层次快乐。

心理断乳不一定自然发生,更多需要父母行动令其发生。任何一位家长,如果不在一定阶段帮孩子心理断乳,就等于没有教育孩子。儿童在成长的每一个阶段,都被已经获得的快乐束缚,但是停留在原地享受既有的快乐,就无法前行,他们必须受人推动才能前行,实现和谐成长。这种推动通过两股"力量"实现。第一是他感觉到父母希望他长大。需要明确的是,儿童感觉到的总是大人的无意识欲望(复杂的是,家长可能有意识地希望孩子长大,然而由于各种原因,他又对孩子的变化有一种无意识的害怕)。第二是父母向孩子表达这种希望的方式,或者说父母帮孩子心理断乳的能力。仅仅告诉孩子成长的必要性是不足以使孩子进步的。如果父母亲谈话之后没有行动,那么所说的话等于是空谈。敢于对孩子提要求,是对孩子的信任。案例中的悦悦既希望快点长大又不开心,总是顶撞别人,与他的自我感认同陷入了困顿有关。

（二）效能感

效能感也是自我感的一个重要组成部分，感觉自己成功的孩子不畏挑战，感觉自己失败的孩子逃避挑战。案例中的悦悦感觉自己是成功还是失败呢？有的地方好像有成功体验，有的地方则是崩塌溃败。悦悦的效能感正处在不确定之中。他迫切需要自己相信并且别人也相信他是能干的、可以被接受和赞同的，但他确实又总是收到否定的反馈。

我们通常说的鼓励孩子，基本就是这个意思。但家长不能没有依据地夸奖。鼓励是看到他的特点、优点和缺点，看见他的长处和短处，这些长短优劣，就是孩子真实的特点。赞美长处是需要同时接纳短处的，赞美优点是需要同时包容缺点的。做到上述几点之后，家长就可以鼓励孩子扬长补短，彰显优点，改掉缺点。

如此，无论效能高低，孩子都愿意去行动。至少可以是一个机械型的学习方式，按部就班跟着大部队走，而不至于变成被动型或厌学型的学生。行动产生自信，也只有在行动中，才会逐步提高自我效能感，就有可能发展成一个进取型的学生。一个进取型的学生，对学习所持的情感基本上是积极的，是愿意继续学习的。

（三）意义感

行动的力量除了取决于能力,还受到动力的影响。对学习是否饱含热情,主要看学习动力是否强劲。影响学习动力的因素有很多,因人而异,有些还不是父母亲能够调控的。但是,对学习意义感的理解,足以影响学习动力的强弱。

积极心理学的研究发现,幸福的根基来自赋予目标以意义感。家长想要帮孩子找到学习的幸福感,就要帮助孩子找到创造学业成绩的意义感——是修身、齐家、治国,还是平天下呢? 能不能找到学习的意义感,可能多半取决于为人父母者自己心中那杆秤。

那么,"为了读书而读书"呢? 这句话似乎很耳熟。

为了读书而读书,有褒贬两种理解。绝大部分人理解的是它的贬义:孩子以消极的态度完成一个必须完成的任务,以这样的心态来读书。从心理学角度来看,为了读书而读书还有相当高级的褒义理解。心理学称之为"本身即目的性活动",是指活动本身就是目的,活动本身就是令人向往的、全身心投入的。当这种心态出现在学习的场景中,则意味着学习本身就是愉悦的、全身心投入的,学习本身就是目的。这种为了读书而读书的感觉来自学习的快乐感、学习的效能感,自然投入、心无旁骛,成为一种个人特质,我们称之为本身即目的性特质。

三、对学习行为的管理

学习行为很丰富,不必一一罗列。其中目标设定、方法运用和时间管理这 3 个要素,是我们有必要了解的。

(一)目标设定

如今,绝大部分家长会给孩子树立学习目标(实际很可能是考试分数目标),而绝大部分孩子不喜欢家长树立的学习目标。为了有效支持孩子的学业发展,家长有必要和孩子一起讨论,将目标分解成过程目标、能力目标和结果目标,这 3 种目标既相互关联又相对独立。

过程目标注重提高学习的形式、方法和策略。能力目标是整体的和个别的学科能力水平,例如,解决数学难题、作文得到高分或者阅读英文小说,等等。结果目标强调做得比其他竞争者好,或者达成一个客观标准(标杆)。这 3 种目标是一个连续统一体:结果目标是连续统一体的产品端(在右边),过程目标在另一端,而能力目标在两者的中间位置。

结果目标代表最终的目标,而能力目标和过程目标是实现结果目标的路径。如果过多地关注结果而忽视发展行动计划(过程)来实现能力目标,那么前方等待孩子的将是迷茫或压力。过程目标的作用类似于实现能力水平的垫脚石，并最终导向预期的结果。

1. 要强调过程目标和能力目标

在运动比赛中，往往只有一个成绩判断准则：获胜就是成功，而落败就是失败。即使最年轻的运动员也可以很快懂得这个道理。但是，当运动员的自信心建立在获胜而不是实现过程和能力目标的基础上时，他们的自信心很可能非常不稳定。因为在任何竞争或比赛中，永远只有一名获胜者。将自信心建立在获胜基础上的运动员往往会在缺乏自信心的时候感到做任何事情都很无助。他们深信获胜是评估自身能力的唯一准则，因此他们无法将自己的能力表现与结果区分开来。

文化课学习也一样，如果学生将考试分数超过别人或者得到更高排名作为目标，他要稳定自信心就不太容易，考试会更加紧张，获得了高分就很担心下一次考试被别人超越。聪明的家长帮助孩子设立过程目标和能力目标，给结果目标一个弹性空间（比如分数在 95 分上下，或者 80—90 分）。

但是，过程目标和能力目标是比较刚性的。比如，为了提高语文成绩，经过讨论决定在语文学科的学习中增加一个环节——每天早上阅读文言文，并且找到合适的读本，时间跨度为一个学期。那么,在学习方式上,这个决定变成一个过程目标,必须要完成。除了这个过程目标,还制定了一个能力目标——力争文言文加点词解释全部正确,不被扣分。为此,要求每周梳理一次教材中常见文言文词汇解释,同时,在每天阅读的过程中发现这些词汇时,进行标注,加深理解和记忆。过程目标和能力目标的制定,是学习管理中最常用的基本手法。其有效性远远高于家长就凭一句话设定的结果目标。采用过程目标和能力目标的学生,在学习中产生焦虑情绪的概率比较小。他们可以更加自信、更加专注和更好地发挥能力,从而对自己的表现更加满意。

2. 给结果目标分等级

强调过程目标和能力目标,不等于结果目标不重要,相反结果目标很重要。过程目标和能力目标是按照结果目标分解推导出来的。好的结果目标有利于提振士气,让孩子对未来充满信心并消除顾虑;有助于孩子放下包袱,全身心投入学习。

中小学学习的结果目标,显然是阶段性目标。中考和高考也是阶段性目标。家长有必要和孩子一起讨论:挑战性目标是什么(比如示范性高中),可靠性目标是什么(比如普通高中),保底性目标是什么(比如中等职校)。这个挑战性、可靠性和保底性不是简单排列一下就算定好了,而是需要经过充分想象和讨论的。

目标的背后连接着未来。所以,每一个目标都必须父母孩子一起讨论:这个目标实现后,会去哪里读书? 会是怎样一种场景? 未来可以有哪些选择? 家庭生活将发生怎样的变化? 学习生活将会发生怎样的变化? 通过这种讨论,形成关于结果目标的家庭共识,目标才是有意义的。挑战性目标能让孩子有冲动感,保底性目标能让孩子有安全感,可靠性目标能让孩子有价值感。

(二)学习方法和时间管理

什么样的学习方法是好的? 适合自己的,能提高效率的方法就是好的。有一些基本的原则可以参考。

1. 总是站在系统的高度把握知识

很多学生在学习中习惯于跟着老师一节一节地走,一章一章地学,不太在意章节与学科整体系统之间的关系,只见树木,不见森林。随着时间推移,所学知识不断增加,就会感到内容繁杂、头绪不清,记忆负担加重。

2. 追根溯源,寻求事物之间的内在联系

学习最忌死记硬背,特别是理科学习,更重要的是弄清楚道理,所以不论学习什么内容,都要问为什么,这样学到的知识似有源之水,有本之木。

3. 发散思维,养成联想的思维习惯

学生在学习中应经常注意新旧知识之间、学科之间、所学内容与生活实际之间的联系,不要孤立地看待知识,要养成多角度思考问题的习惯,有意识地训练思维的流畅性、灵活性及独创性。

4. 学习方法永远与时间管理互为表里

时间管理的基本原则是把时间用在最需要的地方,提高单位时间的价值。重要又紧急的事先做,通常是短期行为;重要但不紧急的事,安排固定时间去做,通常是长期行为;不重要但紧急的事,委托别人做或者零星时间快速处理掉;不重要且不紧急的事可以不做或者让别人去做。由于孩子还小,分析事物和管理时间的能力不足,父母可以帮助孩子一起分析,拿出一个日常学习的时间分配表来,有条不紊地学习。其中,有些事情可以父母做的,就由父母做掉;有些事情可以推辞不做的,父母可以出主意帮忙推辞不做。总之,全家总动员来讨论和商量时间安排,达成共识也是家庭学习管理中的重要内容。这个过程中最具挑战性的是父母和孩子交流不畅,两代人的观念和对社会的认知存在明显差异导致无法达成一致意见。那么,这个时候,需要父母带头,敞开心扉,以开放的思想接受计划外的信息。应该说这种讨论也是一场学习,可以改变孩子,也可以改变父母。

四、对学习的成果和环境的管理

学习成果需要管理吗？很多人可能会有疑问。学习成果也需要管理，本丛书中的《家庭文化与家庭教育》关于家庭文化对家庭教育影响的案例中，那位获得全国作文竞赛一等奖的学生，在他还只是一名小学生的时候，父母给孩子创建了一个博客。孩子的课堂作文、自由随笔都放在博客中。好友中有老师甚至校长给他点赞，喜欢看他的作文。这就是学习成果的管理。好的学习成果管理，有助于提高孩子的成就感，促进孩子的学习行为，提高孩子的自我满意度。同时有助于孩子感知家庭、家族以及社区群体的存在和温度，增强他们的力量感。这是一种有益于孩子发展的心理能量的汲取。

家庭教育还必须重视学习环境的管理。这个环境是指大环境，包括政策背景和社会资源两部分。家长显然要做个有心人，关注教育相关政策的具体内容。比如中考、高考制度的变化及其对日常学习的影响。也要关心社会经济发展和行业变化，孩子的学习归根结底是为未来走向社会做准备。职业生涯的规划未必要当作一个项目性工作来做，但是作为家庭茶余饭后的聊天内容，是必要的。它有助于消除孩子对于未来的迷茫感。

社会学习资源,是一个很重要,同时也很大的话题,我们将在下一节专门介绍社会学习资源的管理。

如今,社会上有很多校外培训资源,令人眼花缭乱。从未参加过校外培训的孩子非常少见,但是孩子们的时间和精力有限,家长的财力也有限,准确理解、选择和运用好这些资源,是家长的必修课。实际上,很多家长并不了解,他们往往随着大流在盲目地行动。

一、对社会培训的理解

对于社会培训,业界褒贬不一,逐渐成为一个公众焦点话题。基于很多人对社会培训存在一知半解的认知和片面评价,我们有必要先来了解一些公开的关于培训机构的消息层面的内容。

消息1:早教机构合同诈骗案

2021年1月,网上出现多条关于上海某早教机构合同诈骗案宣判的消息。上海市浦东新区人民法院依法以合同诈骗罪判处该机构法定代表人、实际控制人李某有期徒刑6年,罚金人民币6万元。

2019年5月,家长们报警称,该培训机构门店关闭,工作人员都联系不上。公安局于2019年5月立案侦查,2020年5月,上海市浦东新区人民检察院以涉嫌合同诈骗罪对该培训机构法定代表人、实际控制人李某提起公诉。截至起诉阶段,报案人共计1000多人,未上课时价值人民币1000多万元。

该培训机构的课程顾问向被害人推销课程时作了很多承诺,一位受害人在对比了很多家培训机构后,最终选择了这家"有保障"的培训机构,一次性支付了18 000余元课程费,然而,还没正式上过一节课,该培训机构就已人去楼空。

经查,该培训机构只有一家门店在关门前几个月刚刚获得教育局颁发的办学许可证,且必须在指定的区域办学,其余门店均未获得办学许可。

消息2:教育部长的讲话

2021年2月4日,教育部网站发布了教育部党组书记、部长陈宝生1月7日在2021年全国教育工作会议上的讲话全文。

陈宝生在讲话中提到了治理整顿校外培训机构的问题。他指出，治理整顿校外培训机构，是当前面临的紧迫难题，这个难题破不了，教育的良好生态难以形成。治理整顿校外培训机构，目标是减轻学生和家庭负担，把学生从校外学科类补习中解放出来，把家长从送学陪学中解放出来。这件事非办不可，必须主动作为。

陈宝生还指出，要全面评估前期治理工作，把因果链搞清楚，把责任链理清楚，把新的路径划清楚。尽快制定治理方案，按照系统观念设计整治路径，打出政策组合拳。治理的重点是整治唯利是图、学科类培训、错误言论、师德失范、虚假广告等行为。治理的原则是坚持源头治理、系统治理、严格治理，综合运用经济、法治、行政办法，对培训机构的办学条件、培训内容、教材教案、收费管理、营销方式、教师资质等全方位提出要求。

消息3：同业互助公告

2021年2月，上海市培训协会发布了一则同业互助公告。公告称，某在线教育平台宣布停止培训服务，造成消费者纠纷。上海市培训协会立足维护社会稳定、提振行业信心,向上海市培训行业机构发出号召,向受该在线教育平台非正常停业事件影响的学员提供公益培训服务。培训机构积极响应号召,发布公益互助公告。

关于社会培训的各种消息很多,家长猜测和打听的也很多,主要集中于"培训效果好不好"的问题,较少关注"靠不靠谱,安全不安全,有没有从业资质"等问题。很多家长上当遭受损失,之前他们怎么会那么容易相信这些机构,以至于基本的办学信息都不愿意去了解? 主要是源于以下因素。

一是急切的心态。家长们急切地想为孩子找到更好的教育培训资源,加上培训机构强大的推销手段,家长生怕失去了机会(仿佛良好的教育资源十分紧缺),很愿意预付学费,绑定机会。

二是心中的隐忧。在急切心态的背后,是对孩子未来是否具备竞争优势的隐忧。家长们真的相信"不能输在起跑线上",并且担心孩子起跑时就已经落后了。这份隐忧可以理解,因为很多家长不知道本套丛书所讲的家庭教育科学道理。

在急切心态和隐忧心理的综合作用下,家长们一窝蜂涌向社会培训机构,争抢社会培训资源。殊不知,社会培训资源良莠不齐、鱼龙混杂。陈宝生部长的讲话，言辞切中要害，可见社会培训的行业整顿迫在眉睫。从部长的讲话中，我们不难看出既要"持续完善德智体美劳全面培养的育人体系，健全学校、家庭、社会协同育人机制。为落实落细立德树人根本任务提供更加科学的导向、更为多样的资源、更加灵活的方式"，又要"大力度治理整顿校外培训机构……把学生从校外学科类补习中解放出来，把家长从送学陪学中解放出来"。上海市培训协会的同业互助公告又告诉我们，政府正在尽最大可能维护学习者的权益，很多社会培训机构正在积极创造良好的教育生态环境。

为了进一步规范、有效地管理社会培训行业，国家正在针对性地出台有关政策，并逐步落实这些政策。对此，我们翘首以盼，同时作为家庭决策者，如何选择适合孩子的学习资源，每位家长都要保持清醒的头脑。既要对社会培训资源有客观的认知和评价，同时也要对自己孩子的实际需求和未来需要有一个中肯的评估。两相结合才有可能作出比较合理的家庭教育决策——把孩子送到可以去、应该去、值得去的社会培训机构，享用社会培训资源以帮助孩子更好成长。

（一）正确理解社会培训的性质

社会培训作为一种学习资源，是学校教育的补充、延伸和拓展。对于孩子们的个人成长来说,学校教育当然是能力培养的主阵地,但是对部分孩子而言,光有学校教育是不够的。除了学校基础文化课程的学习之外,从中小学阶段到成年时期,我们还是有很多其他需要学习的领域。比如,虽然不一定要成为一名棋类运动员,仅作为一种生活能力和基本思维锻炼方式,孩子们可以学一学围棋。围棋目前还不是中小学教育的课程内容,需要社会培训资源来提供学习机会。这种学习的社会需求量庞大,这是国家鼓励社会培训行业发展的基础,也是人民美好生活需求的一部分。

但是,这个行业也存在其他可能性,主要焦点集中于针对学校文化课程的课外辅导。一段时期以来,许多校外培训机构开展针对学校文化课程的课外辅导,呈现一种混乱的局面。相关整理、整顿和规范化的措施、政策正在出台。我们相信,对这一领域的管理会更加规范、到位。这种课外辅导与文化课程的学习成绩相关联,与中高考相关联,就自然有了其唯分数至上的功利目的。这种功利性主要来自学习者的需求——想要在学校文化课程考试中获得更好的成绩。这是一种客观存在的刚需,我们不必回避,也不要讳疾忌医不做研究。它应该是教育改革过程中需要系统思考的一部分。但是,对于广大家长和他们的孩子来说,他们需要真正符合他们实际需要的教育辅导和拓展学习。因此,家长们感到焦虑,也在情理之中。

家长要缓解志忑焦虑,首先要明白"社会培训是学校教育的补充、延伸和拓展"这句话的含义。

第一,社会培训是终身教育体系的一部分。社会培训资源是终身学习的资源供给的一部分。学习不仅仅是孩子的需求,任何人都有这方面需求;孩子们的学习也不仅仅是学校学习,还需要学校之外的学习机会。

第二,社会培训是文化传承和传播的重要载体。学习原本就是人类精神需求的一部分,文化传承和传播需要借助培训这种方式。随着人们的需求更加多样化,社会培训还会有更丰富的发展。

第三,社会培训的本质是一种通过提供有偿学习资源来丰富学习资源的方式。知识付费已经成为一种大家认同的消费方式,所以,享用社会培训资源是一种个人消费。

(二)了解社会培训的行业特性

虽然说社会培训本质上是一种提供有偿学习资源的方式,但是作为一种为了实现自我成长的学习行为,毕竟不是普通消费,与其他消费相比,还是有它的特性存在。

1. 社会培训的价值特性——影响人的发展

既然社会培训也是一种教育的形态,那就一定担负着影响人的成长、影响人的思想观念、影响人的价值评判这些意识形态的功能。它必须符合法律法规，必须符合人类良知和社会公共价值。所以，社会培训必须接受行业监管和教育行政监督，这是最基本的要求，是不容置疑的底线。在遵从基本价值的底线之上，社会培训有很大的自由发展空间，几乎涵盖人类精神生活和职业技能的各个方面。所以，行业大门要敞开，行业要求要细化，行业监管要精准，规范化的发展才可以保证持久的发展。

2. 社会培训的市场特性——供需关系

既然是提供有偿资源，必然存在市场供需关系的动态平衡。到底是供应方制造了紧张气氛，促使需求方"恐慌性购买"，还是需求方的强大需求促使供应方不断扩张？这个问题让专业机构去研究。作为家长，要理性地看到市场行为本身不能代替教育行为。在供需关系的矛盾对立中，有一个最根本的主要矛盾可能被忽视了——供应方提供的真的是需求方所需要的吗？举例来说，某培训机构提供的数学辅导服务，真的是孩子所需要的数学教育支持服务吗？真正的需求者是学习者，真正的供应者是教育实施者。市场化的种种行为方式掩盖了这一层关系，就变成培训机构不是在做教育，而是在做生意；家长也不是在做家庭教育，而是在家庭消费，演化成一种推卸或转嫁了自身责任的消费行为。所以,家长要了解和支持教育行政管理部门对社会培训机构的管理。让围绕孩子的社会学习资源变得清晰、清洁和美好。

3. 社会培训的逐利特性——追求利益最大化

社会培训机构中既有投资办学性质的培训公司,也有出资办学的民办非企业业余学校,基于供需关系和提供有偿学习资源的特性,追求利益最大化是一种天然属性。某些培训机构的问题就出在追求利益最大化,把教育当成了纯粹的一场生意在做,甚至不惜违法。社会培训机构的违法、违规行为是要受到严肃处理的,同时每一位家长都要引以为戒,在实际生活中多加防范。

4. 社会培训的监管特性——政府监督管理

政府监督管理既需要政府部门下功夫,也需要广大教育培训市场的消费者自主维权和积极配合。试问,有多少家长是交了学费后索要了发票的? 有多少家长是把学费交到法人账户的? 又有多少家长是把学费交到培训机构创办者或管理人员的个人账户的? 这中间有很多违规行为是家长作为消费者默认和允许导致的。

陈宝生部长的讲话,正是政府监管特性的集中体现,家长也要强化这方面的意识并规范自己的行为,共同为孩子们的成长创造一个良好的教育生态环境。

（三）社会培训的类别区分

举目四望，家长们会发现各种培训机构和培训项目纷繁复杂、琳琅满目。家长们如何区分、如何选择，也是一道并不容易的题目。行业有行业的分类方式，市场有市场的区分办法，区分社会培训资源，是家庭学习管理的一部分。我们更主张家长要从家庭学习管理角度来区分各种社会培训资源。

从家庭学习管理角度，社会培训资源可以分为四类。

1. 补充性培训资源

这个补充要基于孩子的情况。当孩子目前在学校课程学习方面已经有多余时间和精力，可以增加学习的种类和数量时，那些学校课程之外的学习机会，是孩子的首选。它的主要教育功能是拓展孩子的认知和技能水平，提高整体素养。琴棋书画、工艺美术、体育技能、生活技巧都是可选的内容。

2. 补救性培训资源

这个补救要基于孩子的情况。孩子在某些基本学习科目上存在弱项，基于学习能力或基础水平的因素，跟不上同伴的脚步，孩子需要相应的支持。补救性的培训基本上是中小学文化课程，家长更加要注意培训机构的资质问题，帮助一个学习困难的孩子转型，是一项很专业的教育工作。

3. 延伸性培训资源

这个延伸也要基于孩子的情况。这种培训主要是为了进一步开发孩子的某些特长，在这个方向上有一个专长，甚至有所成就。

4. 辅助性培训资源

这个辅助主要基于孩子和家庭的情况。现代家庭小型化，家长忙于工作，对孩子的照料需要一些切合实际的社会公共服务来协助。除了中小学晚托管理，社会上也出现了一些专门帮助孩子提高回家作业质量的辅导项目，这也是需求倒逼供给的体现。这些机构同样需要接受监管，同时它们提供的服务是否科学有效，需要家长仔细了解。

无论哪一种培训资源，家长们真正要做的是从自己孩子和自己家庭角度出发去理解和区分各类培训，选择适合自己孩子和自己家庭的项目。所以，做好家庭教育，对于社会培训机构提供的资源，除了要正确理解社会培训机构，还要正确理解自己的孩子，才能真正用好社会培训资源。

那么，家长如何甄选培训机构呢？总结下来，有"四看"。一看师资是否优良。首先，教师必须具备相应资质。其次，教师应具备相应的知识储备。再次，教师必须具备高度的责任心,并掌握一定的科学方法。二看资质是否完善。是否有符合实际营业范围的营业执照?是否有政府部门出具的培训资质证明?机构名称和办学实体是否相符?等等。三看课程是否规范。培训内容是否符合国家相关法律法规?是否符合学生实际需求?四看收费是否合理。在了解了学校环境、硬件设施、教师队伍、教育理念等情况的基础上,学校收费也是家长需要考虑的重要因素。并且,要仔细查看收费项目、收费标准,了解收费是否进行了备案、公示,最重要的,是否开具有效票据。在家庭经济承受范围内,尽可能为孩子提供最优质的教育资源。

二、家庭教育如何用好社会培训资源

● 案例2-8

几个家庭的不同选择

这是几个相互认识,孩子年龄相仿的家庭,这些家庭的共同特征是都有自己的企业,妈妈们都不上班。孩子的教育问题主要由妈妈负责。她们对于孩子参加社会培训的选择存在一些差异,这些差异主要来自各自对这件事情的不同认知。

杨妈妈,一直以来比较"佛系",认为孩子读书不需要这么辛苦,基本上不给儿子报名参加文化课辅导班。2个孩子相差2岁,孩子们课余时间主要学习游泳和在家玩,孩子们都能完成回家作业。孩子们一个三年级,一个一年级,成绩处于班级平均水平。

张妈妈,给孩子报名参加了好多培训班。孩子四年级,除了语数英3门课的辅导,另外还参加了舞蹈和国画培训。女孩子每个双休日基本上都在不同的培训机构学习。她成绩比较好,属于班级中的第二梯队(5—10名之间,虽然学校不排名次,但是家长和孩子都了解得很清楚)。妈妈希望女儿在五年级能进入第一梯队。

方妈妈,女儿二年级,儿子大班,只给女儿报名参加文化课辅导班。她参考的别人的经验是要提前学。所以,她报名的都是先在暑假和寒假提前学下学期内容,然后平时与学校同步巩固的这种跟进式的文化课培训班。目前女儿的成绩还看不出来有什么特别之处,处于班级前半部分。但是女儿的行为习惯让她头疼,老师经常反映女儿上课不专心,总是招惹旁边的同学。方妈妈正为如何培养女儿的好习惯发愁。

周妈妈,儿子六年级,女儿一年级。周妈妈之前也给儿子报名参加提前学习的文化课辅导班,小学阶段儿子的成绩并不突出,周妈妈决定换一种方式,已经进入初中的儿子,要不要接受辅导,接受什么样的辅导,跟儿子商量,让儿子从自己的实际需要出发再决定。目前儿子决定不参加文化课辅导班。女儿参加了 2 个非文化课的兴趣班——绘画和舞蹈,这 2 个兴趣班比较符合女儿的实际——女儿喜欢画画,运动能力比较强。周妈妈决定走一步看一步,尽量让孩子自己想办法,关键是自己要和孩子始终保持沟通,不能失控。

注:上述案例发生在 2020 年,案例中培训机构提前教学校文化课内容的做法现在已被明令禁止。

这几位家长各有各的决策,很难一下子区分谁的更合理。这就是目前社会培训在家庭教育层面的普遍现象的折射。相比之下,周妈妈的决策更贴近孩子的实际,其他几位多多少少有点跟风随大流。家长们想要作出正确的决策,首先要了解自己的孩子,这是正确决策的前提。

(一)知己知彼不可有失偏颇

大家都知道什么叫"知己知彼",家庭教育之于社会培训来说,也要知己知彼才行。家长在帮助孩子选择参加何种社会培训的时候,首先要对自己孩子有一个比较准确的理解。

问题一,家长让孩子参加培训班,是基于孩子某个方面有所欠缺，需要弥补，还是出于发扬孩子长处，未来有所成就？

问题二，家长是想让孩子增加知识积累，还是想让孩子提高文化课学习能力，或是拓展其他方面的能力？

问题三，家长是害怕别人家的孩子都在补课，自己的孩子不补课会吃亏，还是孩子的实际情况确实需要补充学习？

每个孩子天赋能力和早期养育中得来的能力差异不小，当孩子进入小学的时候，他们喜欢的东西不一样，他们可能对很多新事物感兴趣，那是好奇。所以，有可能会选择一样试一试，过段时间又要换另一样了。所以，做父母的要在这个过程中逐渐发现自己孩子的所长所短、喜欢和不喜欢，了解自己孩子再来回答这些问题。这样，家长就有了衡量社会培训项目是否符合孩子的需要的基本依据。

与此同时，家长还有必要仔细了解培训机构。如前述培训机构在运营过程中可能存在信息不对称的现象。家长有必要多家比较和了解。不妨让孩子先试学一下，再作决定。尽可能做到知己知彼。

（二）选用社会培训资源的三个原则

在对自己孩子和培训机构都有了解的基础上，选择社会培训就相对容易一些。实际操作中需要注意适切性、有效性和潜在风险。

案例2-9

我不要他们

一个高三的学生,因为抗拒母亲的安排,母子关系恶化。在母亲的建议下一起前来咨询。矛盾焦点集中于孩子认为自己时间不够,不愿意听从妈妈安排双休日再去补课;妈妈认为马上要高考了,成绩这么差,还不肯补课,怎么能行?咨询中发现,孩子的语数英3门功课,每一门的平常模拟卷,丢了一大把不该丢的基础分;经过讨论,孩子发现自己需要调整考试的做题方式,他真正需要的是提高考试答卷的质量。所以,他需要像对待高考一样对待平时练习卷和回家作业——在规定时间内完成。

妈妈要求孩子双休日去补课,同时周一到周五请了3个大学生轮流到家里陪做作业。孩子在咨询现场就要求妈妈把3个大学生辞退,妈妈不同意。

1. 选择社会培训要注意适切性

所选的培训内容要符合孩子的发展实际。这包括三层含义:第一,所选培训内容要适合孩子当前的学习能力和学习基础;第二,所选培训内容要符合孩子的主观意愿;第三,选择社会培训要考虑孩子是否有足够的时间和精力,做到劳逸结合。案例中的这位妈妈显然违反了这一原则。已经高三第二学期,孩子的问题集中体现在考试方法上有偏差,他需要调适自己的考试技巧和考场感觉;孩子不喜欢 3 个大学生(几乎是同龄人)来教导自己;孩子没有休息的时间,在打疲劳战。妈妈坚决不同意,如此强势,主要是出于自己的担心顾虑,而不是孩子真的需要这样安排。

2. 选择社会培训要注意有效性

有效性的检验标准无法量化,但是可以和孩子商量,从孩子的学习体验中评估有效性。音乐、美术、体育等技能类培训的有效性,家长可以通过成果反馈进行评估;文化课程的有效性,主要和孩子讨论该学科的学习效率是否有所提高,间接反映在学科的日常作业和测试的正确率上面。

3. 选择社会培训要注意规避风险

首先是孩子人生安全方面的风险。培训机构分布在城市乡镇不同的区域,相对于学校来说,社会培训机构大部分空间比较紧凑,周边人流嘈杂,人身安全是必须要考虑的。第二,要避免浪费时间。有些社会培训机构的培训内容可以形容为"鸡肋"——食之无味,弃之可惜。孩子们的时间精力有限,浪费时间,实际就是在浪费孩子的机会。第三,要规避学费资金的安全风险。家长在这方面要多加注意。政府管理部门正在不断加强和完善对社会培训预付学费的管理监督,家长也要积极配合。

第三章

互联网场景下的学习管理

随着"互联网＋"时代的到来,传统的课堂教学模式正在发生巨大改变,从线下到线上,从教室到虚拟的学习空间,信息技术的迅猛发展让互联网学习成为大势所趋。《2018年中国互联网学习白皮书》指出,近年来,上海市众多学校都正在探索促进学生个性化学习的互联网背景下的教学模式,在大数据技术的支持下,实现学生个性化学习。其实,不仅学校在改变,家长对互联网学习的态度也发生了变化,从过去的"谈网色变"到如今的"学会接受",还有部分家长热衷于线上课程。虽然网课无法取代传统课堂,但网络无疑已成为学生学习的一条重要途径,成了孩子生活的日常。它考验着每一个家长及教育者的智慧,成了家庭教育的一项新课题。

第一节　课堂教学与互联网学习的趋势

　　当代学生在互联网环境中学习与成长，被称为"网络原住民"，他们与身为"网络移民"的家长在生存与学习、成长与发展等方面具有显著的差异。家庭是孩子开展互联网学习的主要场所，家庭教育也正因此面临新的挑战。面对自控能力还未完善的孩子以及复杂的网络环境，如何关注孩子的互联网学习活动，提升孩子的媒介素养，引导孩子学会学习、深度学习，值得家长们共同思考。

案例 3-1

网络学习时代的信任危机

　　六年级的小陈近来特别郁闷，沮丧的他走进了学校的心理咨询室，向心理老师诉说自己的烦恼。

　　小学毕业后，爷爷奶奶给小陈买了一台电脑作为毕业礼物，可这台电脑的到来却给原本满心欢喜的小陈带来了不少烦恼。妈妈只要看到他在电脑前坐着，就会说："你就知道玩电脑！"即使小陈只是在查学习资料或是在进行网课学习,妈妈也会不停地说教,"别一直看,当心眼睛坏掉""别以为我不知道,你借着学习的名义在偷偷上网""别乱和别人聊天"……妈妈对小陈上网学习总是有一万个不放心,无论小陈怎么解释,妈妈总会怀疑小陈没有用心学习。就在一个月前,本来对电脑不精通的小陈妈妈,趁孩子开电脑输入密码时准时端着水果出现在他身后,就为了看清儿子输入的电脑密码。后来趁儿子不在家,仔细审读了 200 多页的聊天记录,还把那些常联系的同学朋友按"危险程度"分了等级,尤其把有暧昧迹象的小女生列入黑名单,冒充儿子发送绝交信息。小陈对妈妈的行为极为愤怒:"那感觉,如同自己被妈妈扒光了,一点隐私都没有。"

了解情况后,心理老师找到小陈的妈妈,妈妈对于儿子的控诉也表示非常无奈。妈妈说:"他总说自己在学习,我也看不懂,不知道他是不是骗我,只能一直提醒他。万一这孩子染上网瘾或者是胡乱交友,那就麻烦了。"

像这样的故事在很多家庭都会发生,父母经常对孩子说:"你是不是又偷偷玩游戏啦,你怎么用 iPad 用了那么久,你怎么又在看电脑……"而孩子经常会用"少管我""我在学习""等一会儿""我刚刚看""你烦不烦"等话回应家长。

像这样的情况，小学低年级也许会少，但是随着孩子的年龄越来越大，年级越来越高，这样的情况会越来越多。案例中，造成这场信任危机最根本的原因就是家长对互联网学习缺乏正确的认识，家长和孩子缺乏有效的沟通。长此以往，亲子矛盾只会愈演愈烈。

其实，面对孩子上网学习家长大可不必过于紧张，数字媒体是孩子了解和认识世界的窗口，是他们进行社交、培养身份认同的重要渠道，新时代的家长应该与时俱进，与孩子一起学习如何利用数字媒体，真正走进互联网学习，采取科学有效的方法使互联网学习助力孩子健康成长。

一、互联网学习时代已经到来

互联网学习是指学习者利用互联网获得信息、习得知识、开展交往、提高学习能力和问题解决能力，激发学习兴趣和学习动力，提升学习体验和自我价值实现水平的网络化学习。它不是单纯意义上的网络学习、在线学习，而是以网络支持为基础的泛在学习、普适学习和混合式学习，包容着正式学习和非正式学习。

事实上，现如今小到幼儿园的孩子，大到成年人，每天都在通过互联网学习。而其中，中小学应用最广的互联网学习方法主要包括以下四类。

（一）翻转课堂，自主学习

翻转课堂最早起源于美国，翻转课堂式教学模式，是指学生在课前或课外观看教师的讲解视频，自主学习，教师不再占用课堂时间来讲授知识，课堂变成了老师学生之间和学生与学生之间互动的场所，包括答疑解惑、合作探究、完成学业等，从而达到更好的教育效果。

（二）在线授课，实时互动

在线学习的过程中，老师和孩子可以在云端交流互动，也能较好地完成教学任务。除此之外，上海市教育主管部门还组织了各区、各学科的教学能手拍摄网课，推出了各学段的"空中课堂"，在电视、网络上播放，让孩子在家就能享受到优质的教育资源。

（三）作业提交，及时评价

近几年，萌生了很多家校交互平台，也有一些学校自主开发的学习平台。这些平台不仅能够下发通知，还能在线发布学习资料。学生可以在家打开应用程序提交朗读课文的录音、背诵课文的视频或自己作业的照片。老师能第一时间审阅孩子的作业，及时了解孩子的学习情况并给出及时的评价。

（四）活动"打卡"，实时分享

线上活动"打卡"的形式较为广泛地应用于小学阶段，

为了促进孩子学习习惯的养成,老师们会有意识地组织学生进行线上阅读"打卡",线上英语朗读"打卡",线上体育运动"打卡",等等。"打卡"的形式能够帮助孩子巩固学习效果,让孩子养成坚持学习的好习惯,提供家校联系的契机,形成学习网络场域,营造学习的氛围。

除了以上这些以学校为主导的网络学习互动方式之外,随着家长信息意识的增强,学生校外的互联网学习已非常普遍。中国互联网络信息中心发布的第 45 次《中国互联网络发展状况统计报告》显示,截至 2020 年 3 月,我国线上教育用户量达到 4.23 亿,占网民整体的 46.8%。线上教育已经形成了巨大的市场。几年间,一些线上培训机构逐步进入人们的视野。配合 5G 技术的广泛应用,小到一对一的授课,三五人的线上培训班,大到千人以上规模的大型平台,校外线上培训已经成为体量巨大、受众人群广、影响力强的新业态。国家对此也高度重视,并规范和引导这一行业的发展。

二、互联网学习的优势

随着互联网学习方式的不断丰富,其优势也更加凸显。

(一)满足个性化学习的需求

互联网教学下,教与学的侧重发生变化,教服务于学,教服从于学,"学习为重"的观念意味着教师的定位必须发生变化。教师逐渐从台前走到幕后,从传统的讲授式教学逐渐转变为提供服务、答疑解惑。教师的角色有了转变,教学的方式也就有了变化,这种变化符合教育发展的趋势,能够满足个性化的学习需求。在个性化学习教学下,教师可以根据学情(学生的智慧、心理状况及知识接受程度等),确定个性化的学习目标和需求,为学生的学习提供更加完善的服务,提高教学的针对性。

(二)充分调动学习积极性

网络学习最重要的一个特性是具有强大的交互功能。借助当下最流行的教学软件,教师与学生之间、学生与学生之间,可以随时开展全面的、能动式的实时互动,形成交互式学习,同时平台还提供了作业批改、考试等功能。这种虚拟课堂可以让学生有新奇的教学体验,尤其是性格内向、现实课堂中很少发言或者表现一般的学生,可以给他们同样的参与机会,也体现了教育公平的初衷。

(三)实现学习的泛在化

新冠肺炎疫情期间网课迅速普及,这也让大众认识到教学不仅仅是在学校课堂、培训班中进行,在互联网上同样可以进行,甚至有更佳的效果。全国 2 亿多中小学生、3 000多万大学生均在家使用网络教学,网课大军浩浩荡荡,因疫情而无法返校上课的困局瞬间破解。平台作为载体,使有效教学时间得到延展,可以有效利用学生的闲暇时间,使学生学习更高效。只要有台电脑或者有部手机,再连接上网络,无论何时何地都能网上学习,让学习无处不在、无时不在。

(四)适合学生终身发展

在时代和技术的发展下,学习不单单是指在校学习,而是贯穿人的一生,学习也不是少数人的事,而是全体社会成员的事。在实现全社会学习,实现规模化和个性化的学习方面,互联网技术发挥着重要作用。它为终身学习的实现提供了有利的技术支持,而终身学习又促使互联网技术更快地发展。互联网与终身学习深度融合是社会发展的必然趋势。只要想学习,互联网都能向学习者敞开怀抱,让不同的知识信息、科学文化碰撞出新的火花。

三、互联网学习的弊端

任何事物都有其两面性,互联网学习也一样。在肯定其优越性的同时,也必须看到其弊端。

(一)对孩子的自律要求提升

互联网学习与课堂学习相比,缺少了老师的实时监督和同学的陪伴竞争,在这样的学习环境中孩子的自控能力容易降低,有些孩子看似看着屏幕在学习,实则注意力已经分散,容易出现走神现象。其实,对于学生来说,互联网学习完全是一场自律能力的考验。

（二）网络环境复杂难管

互联网是一张无边无际的"网"，内容丰富庞杂，良莠不齐，真假难辨，未成年人是非辨别能力和自我控制能力不强，难以抵挡不良信息的负面影响，如果家长不能及时发现，可能会造成想不到的后果，对孩子今后的成长造成难以挽回的影响。不仅如此，互联网学习给了孩子接触网络的机会，也让一些孩子有了玩游戏、聊天的借口，有小部分孩子甚至在父母不知情的情况下网络成瘾，严重影响学习。

（三）近视率和心理问题

要网上学习就免不了长时间对着电子屏幕。目前，我国近视人数已超 6 亿，青少年近视率超过 50％。如此庞大的近视群体让人不得不考虑在网络学习环境下的用眼问题，然而目前还没有找到有效的解决办法，只能尽可能利用课间休息时间来缓解眼部疲劳。长时间使用网络的青少年也很容易沉溺于网络中的虚拟世界，进而分不清现实世界和虚拟世界，习惯于在网络中寻找存在感，逃避现实中的一切事物，严重者更会产生心理问题。因此高近视率和心理问题的频发也是互联网学习的一大弊端。

（四）对家庭教育提出了更高的要求

对于尚未养成良好学习习惯和较强自制力的孩子来

说,互联网学习很容易"钻空子"。所以互联网学习特别需要家长的督促。互联网学习一方面在考验着孩子,另一方面也在考验着家长,家长只有切实履行督学责任,与孩子保持良好的沟通,身正为范,以榜样的作用教育孩子正确使用网络,才能让孩子通过互联网学习学有所成,学有所获。

四、对家庭教育的建议

当前,孩子成长的自然环境和社会环境发生了深刻变革,家长就不能再用昨天的方式教育今天的孩子,只有与孩子一起成长,一起了解、面对这个变化的世界,才能让孩子拥有更好的明天。

(一)智慧守护,云端监督

在这场网络时代的"斗智斗勇"中,潮爸潮妈们不甘示弱,面对"新新人类"使出新式教育法。下面介绍一个典型的案例。

> **◎ 案例 3-2**
>
> #### 妈妈给儿子的便条①
>
> 亲爱的儿子:
>
> 如果你看到了这张便条,那一定是因为你的电脑出

---

① 李冬梅. 妈妈给儿子的便条儿[J]. 青年博览,2011(23):21.

了问题，上不了网了。你不用给咱们的网络供应商打电话，也不用反复查看浏览器，你只要按照我说的做就行了。

你先去街角那家药房给爷爷买一些药，药方就放在玄关柜的镜子下面。顺便再到药房旁边的小商店买两袋牛奶、一袋切片面包和一包茶，路过车站旁边的菜摊时，买两公斤土豆、半公斤洋葱和一个大头菜。所有的收据都要收好。

回来后你要抓紧时间做作业。尽管你今天的作业不多，只有数学，但这不是你一直拖到深夜的理由。打开教材第116页、第118页和第121页，一共有3道题。第3道题末尾有答案，但你要看清楚，这道题是要你列出方程式，而不是简单地写出计算结果。前2道题还好，没有答案。

做完作业后，你再把自己的房间收拾一下。你把所有的东西都放回原位后，数一下架子上有多少光盘和玩具，箱子里有多少汽车和变形金刚。

所有这些事都处理完，你就可以上网了。点击浏览器，界面弹出窗口要求输入密码时，你依次输入你所做的3道数学题的答案，药房、商店购物收据上的金额，以及你房间里各种玩具和光盘的总数就可以了。

我相信你一定能顺利上网。我晚上下班回来后,给你讲一个女黑客的故事。

吻你!

这位妈妈无疑是充满智慧的,一连串闯关式的操作无形中规范了孩子的行为,引导孩子完成了本该完成的事情,可谓是一举多得。互联网时代,对于思想观念尚未成熟的学生而言,网络空间中的新鲜事物、信息都会影响其思想、行为,在线视频、网络游戏等都能导致孩子对网络极度迷恋。这不仅不利于孩子的健康成长,甚至会导致孩子出现心理问题和不良行为。这就需要家长适时有效的监管。不妨试试以下办法。

1. 制定规则

所谓的监管不是利用家长的威严来恐吓孩子,而是需要在了解孩子的内心世界和需求的基础上,与孩子共同制定一个"网络公约"。"网络公约"的内容可以包括把 iPad 等电子产品放置于公共空间、严格遵守上网时间等。只要孩子能够遵守这些"公约",就可以满足孩子的网络应用需求。通过适时监督,就可以有效避免网络给孩子带来的负面影响。家长切记,此"公约"不能由家长单方面制定,必须坚持平等的原则,让孩子一起参与进来,只有让孩子心服口服的规则才能让孩子由衷地愿意遵守。"公约"一旦制定完成,父母应该给予孩子信任,适当地放手,这个"放"不是一放了之,放了不再管,而是在放的过程中,不断地通过建议、规则、方法和援助让孩子能够越来越好地自我控制、主动学习。

2. 关注状态

对于线上学习,家长有必要了解孩子参与互联网学习的流程,关注孩子的学习状态。如果孩子还小,父母一定要预先了解线上学习的工具、步骤,带领孩子一同开始线上学习,待孩子完全进入状态后,再适当放手;如果是初高中的孩子,一般来讲,他们自己能够弄清楚线上学习流程,父母则不必干涉太多,但要适时地引导孩子充分利用线上辅导的互动功能,让孩子掌握学习的主动权。

3. 提升自我

过去的父母总爱对孩子说:"我吃过的盐比你吃过的饭还多,我走过的桥比你走过的路还多。"到了今天,反倒是孩子经常对父母说:"这个你不懂。"青少年对新技术、新观念的得心应手往往让成年人自愧不如,反倒是不少爸爸妈妈在信息技术方面成了笨手笨脚的"菜鸟",也就形成了和孩子之间的代沟。家长要不断学习新知识,更新自己的理念,要努力向"网络原住民"靠拢,走进他们的世界,只有真正走进这些新技术、新科技,家长才会慢慢发现其实完全不必过度紧张,其实如果运用得当,这些互联网技术完全可以成为家长的教育助手。不仅如此,家长还要不断地更新家庭教育理念,可以通过多阅读家庭教育方面的报刊、权威教育机构的公众号推送的文章,聆听网络家庭教育指导课程,多学习先进的家庭教育方法。

4. 智慧管理

父母需要担负起监督管理的责任,但有些时候难免防不胜防。父母无法做到时时刻刻监督孩子,特别是中高年级的孩子,与他们斗智斗勇的过程中,有些父母还会败下阵来。还有一些双职工的父母,更是难以顾及了,这种情况下父母可以借力,借互联网之力。现如今,很多针对青少年上网的管理类应用程序已经推出,它们是能帮助父母管理孩子手机使用行为的移动应用,可帮助家长了解孩子手机上网行为和喜好,保障孩子健康上网;也有家长采取了每天在规定时间断网,或是将电脑设定成青少年模式等方法。

(二)良好沟通,助力成长

亲子关系的质量取决于父母与孩子的交流、互动和彼此认同。良好的亲子沟通对孩子的成长非常有益,随着互联网学习的迅速普及,传统的亲子关系正在发生变化,父母应该顺应这种改变,使亲子沟通处在同一频道。

1. 懂得尊重

互联网时代家长的权威正受到挑战,如果家庭中不能形成良好的沟通互动机制,家长一味地打着为孩子好的旗帜,要求孩子必须服从,更可能导致孩子产生逆反心理,使他们更容易沉迷于虚拟的网络世界。作为家长,应该积极了解孩子的心理需求,尊重孩子使用互联网的权利,以朋友的身份,建立平等和谐的沟通平台,让孩子愿意和自己沟通,才能更好地了解孩子、改变孩子。建议家长们不妨用开放的心态对待孩子上网,可以和孩子一起上网查查资料,甚至玩玩健康的在线小游戏,这些也是促进亲子互动的好方法。除此之外,家长们也要知道其实孩子在进行互联网学习的过程中也会遇到很多烦恼,家长要学会换位思考,耐心地充当孩子的倾听者,尊重孩子的想法,给予孩子易操作的建议,让孩子愿意向家长倾诉,和家长保持一个平等交流的知心伙伴关系。

2. 学会包容

有些成年人不能客观看待网络,认为孩子上网就是在玩游戏,认为网络只是个工具,不能成为玩具。因此,看到孩子上网就紧张,这也是引起亲子矛盾和冲突的重要因素。其实孩子的心智尚不成熟,在互联网学习的过程中出现一些小状况也是非常正常的。尤其是当家长们尝试放手让孩子自主学习,孩子的学习效率很可能不如在家长监控下那么高,但这其实就是让他获得自控能力必然要付出的代价,这个代价是家长要忍受的。

3. 艺术表达

信息技术让亲子沟通的方式变得多样。当家长发现孩子犯了错,为了保护孩子尊严,可发短信、微信或是邮件,隔空表达,把自己好的观点、想法、感受通过更艺术化的方式传递给孩子,实现良好的亲子沟通。迂回的教育方式,会产生独特的教育效果,对解决亲子关系弱与互联网吸引力强之间的矛盾有很大的帮助。

4. 别总聊学习的事

有调查发现,现在家长与孩子平时交流的话题,排第一位的是"学习的事",其次分别是"学校的事""自己的兴趣爱好""朋友的事"和"自己的将来"。可见,如今家长与孩子聊天过多地关注学习,而忽略了孩子多元化的交流需求,使双方的心理距离拉大。家长要明白,学习只是生活的一部分,家长应该引导孩子去发现学习之外的生活美好。带着孩子走出家门,告别网络,多参与社会实践活动,培养孩子有益的兴趣爱好,如运动、绘画、音乐等,让孩子的心理更加健康。

网络时代,应采用"同频共振"的方式沟通,建立亲密的亲子关系。这不仅能让孩子身心健康,也能让互联网学习的效果得到提升。有效的沟通是能实现孩子内心深处变化和成长的"教"和"育",不是强制性的命令指示和观念灌输,而是有温度和有影响力的爱的教育。

(三) 线上资源,合理甄选

> ● 案例3-3
>
> #### 网课该怎么选?
>
> 　　小张读四年级的女儿马上就要放暑假了。小张的心情也跟孩子一起变得放松起来,想着即将开始的假期,母女俩充满了期待。正当小张和女儿在畅想假期的时候,微信消息声响了,明明的妈妈在家长群里推送了一个团购链接——9.9元买10节价值399元的课。小张仔细一瞧,原来是某知名线上学习平台的优惠活动,看到价格如此低,还不用每天接送孩子上课,小张毫不犹豫地下了单,正在小张准备关闭手机的那一刻,小雅的妈妈也推送了另一个团购链接——29.9元买8节线上美术课。在之后的几天里,群里时不时有家长推送各种网课团购链接,有学科辅导类的、绘画类的、外教一对一辅导等。看着这些形式多样,看似非常优惠的课,小

张在心动的同时也产生了疑惑:"这些网课真的有用吗? 孩子的网课到底该怎么选呢?"

随着互联网的不断发展,线上教育已经成为一种新型的教育方式。家长经常会见到诸多网络学习课程或各种学习类应用程序。它们都是借助互联网技术,通过软件平台,将数字化教学资源推送给学生,帮助学生随时随地进行在线学习,我们亦可称之为线上资源。生活中,孩子会下载各种学习类应用程序来辅助学习。虽然这些学习类应用程序有着便利等优势,但是学习类应用程序作为互联网与教育相结合的新事物,还没有形成一个规范的管理制度,其带来的各种问题也接踵而来。

案例中小张的情况相信在很多家长身上也发生过,课程低价兜售、网络媒体高强度宣传、推送内容质量参差不齐等现象,给家长带来了心理焦虑。面对纷杂的线上学习资源,如何帮助孩子甄别,选择适宜的学习资源,家长们感到担忧与困惑。这里给家长们支几个招。

1. 多维思考,明晰利弊

线上的学习资源图文并茂、形式多样,有它存在的优势。但是,其中的隐患也是不容忽视的。家长要多维度思考,辩证地看待事物,分析线上资源的利与弊。从孩子层面来说，过度依赖学习类应用程序进行学习，一方面会削弱孩子的思考能力。遇到学习难题，孩子不先去独立思考或询问他人，就立马拍照搜题。学习类应用程序中的答案一应俱全，孩子不加辨别，不加思考，直接写上答案，简直是把完成作业当作一种任务、一种负担，完全体会不到学习的意义与快乐。可想而知，这种学习是无意义的，因为孩子对学习的内容有没有掌握，掌握到什么程度，都不清楚。另一方面，孩子对电子产品产生依赖，借学习为由玩电子产品，不经意间做了一些与学习无关的事，诸如玩游戏、聊天等，乐此不疲地沉浸其中，影响了他们的学习与身心健康。

从家长层面来说，遇到孩子不懂、不会的内容，尽力地找线上资源来"帮忙"，似乎是关心孩子的学习，殊不知可能会因此放松了对孩子学习的监督，无法真正了解孩子的学习心理，无法了解孩子对知识的掌握程度。同时，陪伴孩子的时间也就越来越少，亲子关系也就越来越疏远。

2. 考量资源，巧避乱象

所有家长选择线上资源的第一原则就是为了孩子的身心健康，所以甄选线上资源时第一考虑的就是要健康。为了解决这个问题，教家长巧妙避开线上资源乱象的方法，建议家长从"四看"入手，学会甄选适合的、优质的线上资源，供孩子学习。具体方法如下。

一看平台功能。选择线上课程时，须看发布该课程的平台的功能，重点看功能实用性如何，了解学习类应用程序中的各项功能，是否有可能对孩子产生不良影响的内容，提早发现，及时规避。

二看系统稳定性。选定平台后，可通过体验课或试听等方式，全面体验这家在线学习机构的网络课堂系统，重点看是否有卡顿、延迟、掉线等情况，使用过程是否简单方便。

三看软件实力。主要看专业性，有些软件综合性较强、技术开发范围广，但功能上并不适合教育。在选择线上资源时，建议先从官方提供的资源入手，对其他线上培训机构的资源要加以甄别，确保线上资源的科学性、针对性。

四看教师资质。可以通过在线和电话互动，了解任课老师的准确信息。一定要反复比较，试听、试看后再决定选哪位老师。

线上资源为孩子的终身学习、个性化学习提供了源源不断的资源。家长唯有与时俱进，科学、智慧地甄别线上资源，才能让更多优秀的线上学习资源为孩子所用，真正意义上促进孩子健康、快乐成长。

案例3-4

沉迷网游成"家贼"

　　12岁的明明，是一名小学五年级的学生。新冠肺炎疫情期间，学校组织学生上网课，张女士特地给明明买了一部"网课专用手机"。一天，王女士的手机一连收到十来条短信。仔细一看，全是银行发来的银行卡金额变动信息，不到半天时间卡里的钱少了近2万。她赶紧前往就近的银行网点，柜台人员查询后了解到，这张卡当天陆续向网络游戏公司支付了近2万元。张女士马上联想到家里上网课的儿子。经过反复询问，明明道出了真相。原来，前不久，和同学上网聊天时，同学推荐了一款游戏，试玩后，明明没有抵抗住诱惑就跟着游戏提示开通了会员，并趁着张女士不注意的时候偷偷绑定了张女士的银行卡和支付宝。这款游戏让明明边玩边充

第三章　互联网场景下的学习管理

值,明明不知不觉深陷其中,3个多小时就花了2万元左右。最后,张女士在律师的帮助下将网络游戏公司以及游戏运营商起诉至人民法院,所幸最终充值的款项予以退回。

《2018全球经验与中国游戏产业发展研究报告》指出,游戏市场已成为国内整个文娱行业中无论是市场规模还是行业影响力都处于领先地位的细分市场之一。2017年9月12日,DCCI和未来智库联合360、中青奇未发布《2017年中国青少年移动网络安全蓝皮书》,这份研究报告发现网络游戏是青少年主要移动网络活动之一。青少年沉迷游戏,家长担忧,国家也担忧。2018年,教育部印发了《关于做好预防中小学生沉迷网络教育引导工作的紧急通知》,在通知中要求学校引导学生积极参加各种活动,不要过多地沉迷于网络之中。2019年国家新闻出版署又颁布了《关于防止未成年人沉迷网络游戏的通知》,对于学校和家庭该如何管理青少年网络游戏的时间、金钱等都有了具体的指导意见。每当家长求助的时候,我们提供的建议是要引导青少年正确对待电子游戏,但是如何引导青少年正确对待电子游戏,这才是家长真正需要思考的问题。作为家长,十分有必要了解电子游戏是什么,孩子们为什么玩游戏?

一、电子游戏特点及青少年游戏动机分析

电子游戏已成为社会的重要组成部分，它的一些设计可以提升人的幸福感，也会让一部分人上瘾，不仅影响学习、工作、生活，还影响了与家人的关系。通过分析游戏的特点来看青少年游戏动机，或许可以找到答案。

（一）沉迷电子游戏是为了逃避现实

电子游戏有特定的时空范围。赫伊津哈对游戏的定义中提到，游戏的一个特征是，游戏并非平常的或真实的生活，它走出了真实的生活，进入一个暂时的活动领域，带有它自己的倾向。在场地和时段两个方面，游戏都和"平常的"生活截然不同。由此可以看到游戏的另一个特征——隔离性与局限性。游戏有一个起点，到了某一时刻，它就戛然止步，走向自己的终结。

如果玩家玩游戏的目的是为了逃避现实，不去积极地解决问题，这种逃避的态度会加重抑郁，也会加剧社交孤立，问题会更加严重，而玩家会花更多时间玩游戏以逃避现实。利用游戏逃避日常生活是引发游戏上瘾的最主要因素。相反，如果玩家带着积极的目的玩游戏，就能够处理好游戏与日常生活的关系，并将游戏优势用于生活之中。有个 15 岁的孩子沉迷游戏，父母让他休学并送他到一所

私立教育机构学习,结果孩子变得越来越孤独且不爱说话,对谁也不信任。后来在心理咨询师的帮助下,孩子说出他打游戏的原因是在学校受到了同学的欺凌,孩子不懂如何处理这种人际关系,只好在游戏里逃避现实。孩子沉迷游戏可能并不是因为对某一款游戏着迷,而是因为外在因素,例如,在学校和同学关系不好,在家里和家人关系不好,成绩不好,等等。那为什么在游戏里可以让他们找到逃避现实的方法呢?这就要说到电子游戏的第2个特点。

(二)通过电子游戏得到需求的满足

每个人对幸福的定义都不一样,但研究发现人们对幸福的定义可大致分为4类:满意的工作、一定的成功、强社会联系、实现自身价值。游戏的功能即是创造幸福,也就是说,游戏真正的功能是为了满足人们的4个需求:提供满意的工作(游戏任务和角色扮演),提高自我效能感(通过游戏的反馈机制了解自己离成功还有多远),更强的社会联系(和同学、朋友一起玩),宏大的游戏主题实现玩家自身价值。曾经有个小男孩很怕黑,晚上睡觉不敢关灯,他的父亲给他买了一款专为儿童设计的电子游戏。小男孩在游戏中戴着面具进入黑暗之地,解决谜题,在黑暗中帮助了很多游戏里的角色。当他发现黑暗不再可怕后,他就能放心地回到房间关灯睡觉。这款电子游戏帮助小男孩克服了他的恐惧，让他找到了自我效能感和幸福感。

（三）电子游戏可以实现和朋友的互动交流

电子游戏具有互动同步性。在这一点上，电子游戏和其他的共同活动是一样的。在所有共同的活动中，例如一起看电影、一起看球赛，由于人们和处于同一个实体空间的同伴会关注同样的活动，大家会有同样的情绪，会建立起神经-生理连接，而在游戏过程中更是如此。研究者通过观察一群儿童无意中组成的一个小组游戏环境，发现游戏过程中孩子们始终将视线集中在行动的总体目标上，情绪（遇到难关的沮丧，通关后的自豪）会不断地来回传递，孩子们很迅速地形成了同步。[①] 研究显示，在家庭生活中，经常在同一实体空间玩电子游戏，能增进家长与孩子之间的联系感。其实一起散步、聊天同样会达到这种紧密、持续的同步，但"游戏中有许多不可预料之处，因此需要持续地做决定。正是在这种高要求的社交环境下，我们迅速、轻松地建立起神经-生理连接。游戏的本质就是如此。"[②]然而，如果对方是个陌生

---

① Oliver M，Carr D．Learning in Virtual Worlds：Using Communities of Practice to Explain How People Learn from Play［J］．British Journal of Educational Technology，2010，40（3）：444 - 457.

② 麦格尼尔．游戏改变人生：如何用游戏化应对压力、挑战和痛苦［M］．闾佳，译，北京：北京联合出版公司，2018.

人,就不会达到这种同步,反而会产生相反的作用。如果过多地和陌生人一起玩游戏,可能还会增强反社会情绪。

是不是所有的游戏都可以给玩家带来价值呢?其实并不是这样的,电子游戏的第4个特点告诉我们游戏也有好坏之分。

(四)电子游戏的选择体现了玩家个人理念

麦克卢汉认为"游戏是人为设计和控制的场景,它有力量借此将自己的假设强加于人"[①],因此,有好的游戏也有坏的游戏。游戏开发公司的游戏设计理念不同,游戏玩家可能也会因为选择理念不同而产生不同的游戏行为。游戏设计中注重人文精神,注重玩家体验,注重成长和意义,这就是游戏精神。这种游戏精神可以让玩家更好地享受游戏所带来的乐趣,同时也可以思考游戏中哪些机制和创意可以用在实际生活当中。

二、家庭教育和电子游戏

案例 3 - 5

两个妈妈

(1)王妈妈有一个在上高二的儿子,每天沉迷手机

---

① 麦克卢汉.理解媒介[M].何道宽,译.南京:译林出版社,2010.

游戏而耽误了学习。孩子在高中以前是根本没有接触过游戏的,上了高中受一个同学的影响而开始玩游戏,从此一发不可收拾,沉迷其中,学习成绩开始下滑。为了断掉他的游戏瘾,家长把他的零花钱也断了,后来,他偷家长的钱去买流量玩游戏。被发现后,家长彻底不让他接触到钱。孩子由于玩游戏成绩下降,所以让他又读了一次高一,现在他玩游戏更加影响成绩了,上个学期末考得最好的数学也只有 28 分。在学校,同学们也会说他是留级生。

（2）高妈妈是个"90 后",是玩游戏长大的,她觉得让孩子玩游戏没什么坏处。孩子还小的时候,她就给孩子手机,让孩子玩游戏,后来孩子玩了一款换装游戏,需要花钱去买皮肤或服装等,妈妈又不愿意了,觉得要控制了。

首先,家长的游戏素养决定了家长的态度。在第 1 个案例中,偷钱这种行为肯定是不好的,但是还要看到为什么会有这种行为。家长的做法实际上是逼迫孩子,在玩游戏这件事上,家长的应对方式是堵,让他绝对不能玩,但是对于青春期的孩子,这种简单粗暴的方式是行不通的。第 2 个案例中,高妈妈虽然不反对孩子玩游戏,甚至孩子玩游戏还是妈妈领进门,但是妈妈教会了孩子玩游戏,却没有很好地引导孩子健康地玩游戏。这两位家长的态度是两个极端,一个是绝对不能玩,一个是放开地玩。这两种态度都反映了家长的游戏素养不高。第1个案例中,由于在孩子刚接触游戏的时候家长没有很好地进行引导,在出现了不良后果之后,家长采用了简单粗暴的做法——断网、断经济来源,未能根本解决问题,反而破坏了亲子关系,问题就更难解决了。

其次,要关注孩子玩游戏的动机。在第1个案例中,孩子最初接触游戏是因为好奇,而到了后来尤其是留级后沉迷手机游戏之中,其动机已经从好奇、喜欢转变为逃避现实。焦虑的妈妈和爸爸只看到孩子在玩游戏,没有想到孩子为什么玩游戏。玩游戏的背后是孩子在真实世界遇到了挫折,他通过游戏来寻找安慰。现实中的挫折主要是留级后,孩子在班级遇到语言暴力,没有同伴的支持,变得很孤独。如果是这个动机,孩子很容易陷入游戏不能自拔。

另外,孩子选择的游戏类型也很重要。游戏作为一种人为设计和制作的艺术作品,也有好坏之分,有些游戏开发商是纯粹为了盈利,诱导玩家过度消费,而孩子在年幼或者刚接触游戏的时候,由于游戏素养不高,对游戏了解不多,容易陷入消费陷阱,这需要家长及时引导,正确地选择游戏。

案例 3-6

成功应对孩子玩游戏的家长

（1）邓妈妈的女儿上高二的时候有一段时间跟老师发生了很多冲突，孩子就沉迷于网络游戏，孩子打游戏的时候，母亲就坐在她后面观察，孩子到底在玩什么角色。这个孩子玩的是牧师角色，负责治疗队友。母亲观察以后询问孩子为什么要做这个角色。孩子说，在学校老师让她觉得自己很笨，没有自信，她就靠打游戏来转移注意力。但是在游戏里，她打不过别人就会影响团队，这反映了孩子没有自信心。后来，在妈妈的包容、鼓励和引导下，孩子逐渐从心理阴影中走了出来。

（2）陈妈妈有个喜欢玩游戏的儿子，儿子最初玩游戏是爸爸领进门。爸爸是做电子产品的，也非常喜欢玩游戏。孩子4岁时父亲就给孩子买了一台游戏机，还有很多软件，孩子就开始接触游戏。父亲最早向孩子推荐了很多好游戏，还会和孩子讨论不同游戏的好与坏。妈妈对孩子的游戏时间进行了控制，和孩子作了约定。例如，平时不能玩游戏，只能在星期五、星期六玩，玩游戏的基础时间是30分钟，但根据孩子的平时表现可以延长游戏时间，比如洗碗、扫地，作业得了 A 也能加10分钟,得了 B 加 5 分钟。

（3）詹爸爸虽然以前没有玩过游戏,但在孩子 3 岁的时候给孩子买了第 1 款游戏,发现游戏可以帮助孩子克服一些生活中的困难,开始和孩子一起玩游戏,向孩子们学习,最后写了一本关于游戏与学习的书籍。

（4）林爸爸的儿子迷上了游戏《王者荣耀》,找爸爸要钱充值,爸爸并没有拒绝,但是爸爸提了一个问题,由于游戏中的人物都是根据历史人物进行改编和设计而来,但是和真实的历史是有出入的。因此当爸爸引导孩子去了解真正的历史人物和这些游戏中的人物有什么不同的时候,孩子就爱上了历史,对历史产生了浓厚的兴趣。

以上正面案例和前面的负面案例不同的地方在于,家长对待孩子玩游戏的态度以及采取的措施是完全不一样的。

首先,对于孩子玩游戏的态度不应该是决定玩不玩,而是怎么玩。玩是可以的,但不是毫无限制地随便玩。第 2 个案例中妈妈控制了孩子玩游戏的时间,甚至用游戏时间作为一种奖励来鼓励孩子做好学习和其他的事情,这也是一种有参考价值的做法。

其次，仔细观察孩子玩游戏的动机。第 1 个案例中，妈妈发现孩子玩游戏的主要动机是因为在学校里受挫，在游戏中逃避现实，妈妈在叙述时也说看到孩子玩游戏的背影实际上是很心疼的，觉得孩子就像缩在一个壳里寻找安全感一样。所以妈妈很包容那个玩游戏的女儿，但并不是放任不管，妈妈坐在后面观察，了解孩子在游戏中的角色，从而掌握孩子的心理动态，及时引导。

另外，家长也要不断跟上时代的步伐，提高游戏素养，正确引导孩子。第 3 个案例中的爸爸，不因为自己不会游戏就放弃，而是向孩子们学习，自己也去学习，了解游戏，孩子们玩什么游戏他也去玩，和孩子一起讨论游戏中遇到的问题。例如，孩子在一个角色扮演游戏中遇到了是选择做反恐英雄还是做恐怖分子的问题，爸爸及时和孩子进行讨论，进行引导。又比如，在射击类游戏中，也经常会遇到为了杀死恐怖分子而误杀平民百姓这类伦理问题，爸爸也会及时和孩子进行讨论。如果这位爸爸不会游戏，可能就无法对孩子进行这种及时的家庭教育和引导，错过了教育的最佳时机。最后一个案例中的家长也是一位智慧爸爸，他并没有一味地拒绝帮孩子充值，而是提出了问题，让孩子去找答案，最终引导孩子扩展了自己的兴趣。

三、家庭教育建议

通过以上案例分析，我们对家庭教育中孩子玩电子游戏的问题提出如下建议。

（一）提高家长的游戏素养

电子游戏作为时代发展、科技进步的产物，完全杜绝，不让孩子接触是不可能的。"数字鸿沟"也成为了代际鸿沟。人们将 20 世纪 50 年代以前出生的人群称为"网络难民"，将 20 世纪 60—70 年代出生的人群称为"网络移民"，将 20 世纪 80 年代以后出生的人群称为"网络原住民"，以此描述新时代中的代沟特征。这种分类是以每个时代与新技术的关系来确定的，也正是由于对技术的了解程度不同导致了家长和孩子的关系出现了新的问题。家长以断网、断绝经济来源等极端方式来防止孩子接触游戏都只是掩耳盗铃的手段。家长只有自己跟上时代的步伐，做一个新时代的家长，才能更好地帮助孩子在这个数字时代更加健康快乐地成长。根据我们的研究，只有家长对于电子产品，尤其是电子游戏有较高的认识水平，他们在引导孩子采取恰当的游戏行为的时候才会比较有章法。

（二）做个"三精"家长

所谓"三精"即精细观察、精准施策、精心养育。

精细观察——首先要非常认真地观察孩子，不要随意对孩子进行评判。不要孩子一拿手机就说"你在玩"，不要孩子一上网就说"你要干什么"。仔细观察孩子为什么突然天天都要玩游戏，玩什么游戏，和谁一起玩游戏，在游戏中是什么角色。玩游戏就像麦克卢汉说的，"游戏是现实社会的延伸"，他在真实社会中是什么样子可能在游戏里就反映出来。所以孩子没自信心的时候玩游戏，游戏角色也会反映出孩子在真实社会中的情况。

精准施策——在仔细观察以后，家长才能判断孩子的游戏动机、游戏行为，然后才能决定该如何帮助孩子。

精心养育——关键在一个"养"字上。"养"就是要给予孩子对家庭的归属感，对父母的归属感，以及他在家里的角色认同感。正面案例中的第 1 位母亲就给了她的孩子非常高的认同感，她接纳女儿，不简单地指责她，有时候还经常询问孩子，这个游戏是怎么回事，经常会跟孩子探讨自己不了解的游戏情况。这位母亲一边鼓励孩子，一边通过电子游戏了解孩子的心理状况，最终帮助孩子走出心理阴影。

在培养归属感的时候，可以先培养家庭的氛围，例如多组织一些亲子活动，制定游戏或使用电子产品的规矩。然后，和孩子共同学习使用电子产品，多向孩子请教如何使用电子产品。

家长和孩子对话时不应该无理由地怀疑孩子。对孩子的教育要润物细无声,提高家长的自身素养,然后再做好游戏的选择。父母应经常在网上看一些非常美好的东西,或者在网上学习,只有在这种学习过程中,孩子看到父母良好的电子产品使用习惯,孩子也会逐渐向好的方向发展。另外,通过发展孩子的兴趣来提高孩子的效能感,甚至可以用其他的爱好来替代游戏,比如学一项艺术特长或体育特长。最后,可以使用新媒体进行思想教育和审美能力的培养。不要只关注孩子的学习,还要关注孩子的思想教育。现在很多孩子反映,人生没有目标,活着很没有意思,所以家长让孩子看一些优美的、具有民族特色的,或者是一些具有教育意义的作品,既可以培养孩子的审美能力,还能提高孩子的民族认同感,找到人生目标,提高思想认识。

(三)正确引导孩子游戏行为

1. 不同年龄段孩子玩游戏的基本原则

1—3岁,不接触任何电子游戏;4—11岁,可以少量接触单机版益智类、体育类游戏,但应控制时间,作为多种活动中的一种,广泛扩展孩子的课余爱好;12岁以上,以单机版益智类、体育类游戏为主,逐渐接触一些较好的策略类游戏,控制游戏时间,发展多种课余爱好。

2. 判断游戏的好坏

目前对电子游戏功能和内容上的研究证明了,电子游戏有好坏之分。坏的游戏,例如暴力内容等对玩家会产生消极的影响,而好的游戏,例如教育类的电子游戏可以帮助玩家通过交互式、沉浸式的游戏进行主动学习,效果很好。作为游戏的本来意义,电子游戏并不是毒药,但设计者的理念让其设计的游戏可能会成为良药或毒药。而对于玩家来说,辨别能力和选择能力也是很重要的。家长可以培养孩子对游戏的辨别能力和选择能力。好的游戏可能具有以下特征,家长可以和孩子一起进行分析。

表 3-1　游戏质量判断标准

一级指标	二级指标	等级表述
任务	价值观和道德观	是否包含了道德的不确定性以及展现了道德选择的进退两难,需要深入思考才能作出决策? 是否具有丰富完整的价值观、世界观,深度挖掘游戏题材并使其贯穿整个游戏,让玩家能体会并理解游戏的人文背景、世界观、价值观?
	复杂程度	扮演角色的数目,操作的精准度对游戏结果的影响,是否需要玩家仔细阅读游戏规则。
场景	玩家对角色的决定权	随着游戏的进展,角色的阅历不断丰富,经验不断增加,行为不断成长,成长经历复杂多样,可以完全按照玩家的自由意愿成长。
	玩家体验	角色丰富多样,个性鲜明,具有不同的年龄、性格、兴趣、爱好、职业、理想等,能够给玩家带来深刻的感受,能够对玩家的思想、行为等产生积极的引导作用,玩家选择不同角色能够体验不同的游戏过程及游戏结果。

一级指标	二级指标	等级表述
交互	交互活动	游戏包含多种人际交互系统,如聊天、聚会、旅游等,以及玩家之间的互动,如聊天系统、交友功能、组队功能等。
	交互形式	游戏中为玩家提供了文字和语音这两种形式的交流方式,提供了便于玩家进行人际管理的工具或功能设计,并且功能齐全,很人性化。

3. 管控游戏行为,共同制定游戏规则

在电视机刚发明出来的时候,有研究者调查了家长实施的控制未成年人观看电视的策略,发现家长的控制和干预方式可分为 3 种:积极、限制和共同使用。在对于网络的控制和干预方面,家长的策略可以分为积极的网络使用干预(积极讨论和分享网络活动)、积极的网络安全干预、限制干预、技术控制以及监控,有研究者把这 5 种策略又归类为 2 种类型:一是授权型干预策略,包括积极的网络使用干预、积极的网络安全干预;二是限制型干预策略,包括限制干预、技术控制(控制家里的上网卡、路由器、电脑密码等)以及监控(翻看孩子上网记录、手机短信等)。2017 年欧洲的研究者们在调查后发布了他们对于家长的媒介管理策略的调研结果。研究发现,家长的网络安全认识水平越高,越倾向 2 类策略都使用。孩子技术水平越高,父母使用授权型干预策略越多,女孩子的父母倾向使用限制型干预策略。技术水平较高的父母也更倾向于使用授权型干预策略。母亲比父亲更愿意使用限制型干预策略。

网络中机遇和危险共存,过于限制,孩子了解社会的机会就比较少,而过于开放,孩子在网络中接触的危险又很多,只有两者平衡,把握开放和把控的度,才能更好地保护孩子。

最后,每一位家长应当好"麦田的守望者",当孩子要跑向悬崖的时候,家长要及时拦住他们。在网络时代绝对禁止孩子使用电子产品是不可能的,只有理智、科学地对待和使用电子产品,建立良好的亲子关系,培养孩子良好的网络素养,才能让孩子拥有更美好的网络人生。

第三节　网络生活和网络学习的管理

目前网络和手机给未成年人带来了很多的机遇,但也给家庭教育带来了很多挑战。有位小学校长曾写信给报社,反映目前学生沉迷网络和游戏的现象越来越严重。他认为网络普及有好的一面,如带来丰富的知识信息和心灵的挑战与愉悦,但也存在不好的一面,如大量的有害信息会危害意志力不强的青少年。同时,他还在信中特别强调了沉迷网络给家庭和个人带来的严重危害,例如,青少年家庭观念薄弱,亲子关系受损,亲子冲突加剧,青少年心理问题严重等。2020 年颁布的《中华人民共和国未成年人保护法》增加了网络保护这一部分,共涉及 12 个要点,为家庭教育提供了参考意见。那么目前未成年人使用互联网的情况到底如何? 让我们一起去了解。

一、未成年人网络使用现状

根据 2019 年、2020 年共青团中央维护青少年权益部和中国互联网络信息中心联合发布的 2018 年、2019 年《全国未成年人互联网使用情况研究报告》中的数据,可以总结出未成年人使用互联网的三个特点和两个趋势。

(一)三个特点

2019 年我国未成年网民规模为 1.75 亿,未成年人的互联网普及率达到 93.1%,和 2018 年的 93.7%基本一致。未成年网民人均每日上网时长在 2 小时以内。2019 年,未成年网民日均上网时长在 5 小时以上的占 6.6%,较 2018年增长 1.7 个百分点;未成年网民工作日日均上网时长在 2小时以上的占 19.2%,手机是未成年人上网玩游戏的主要设备。

关于上网时长问题，多长时间是比较健康的网络游戏时间呢？根据中国《网络游戏防沉迷系统开发标准（试行）》规定：未成年人（每日）累计 3 小时以内的游戏时间为"健康"游戏时间，超过 3 小时后的 2 小时游戏时间为"疲劳"时间，在此时间段获得的游戏收益将减半。因此，看来目前大多数孩子游戏时间控制得还是较好的。

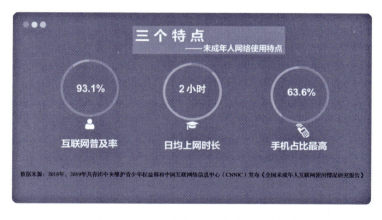

图 3–1　中国未成年人使用互联网的特点

（二）两个趋势

2019 年，66.1％的未成年网民认为上网对自己学习产生了不同程度的积极影响，较 2018 年的 53.0％提升 13.1个百分点。其中，认为产生非常积极影响的占 14.6％，较

2018 年的 13.3％提升 1.3 个百分点。所以当孩子拿着手机时,家长不要看到就说"你又在玩",可能他真的没在玩,而是在学习。这两年观看短视频的青少年数量也是逐年增加,已经超过了游戏。超过 20％的未成年人表示"几乎总在看"短视频,近 10％的未成年人每天要看几次短视频,11.32％的未成年人每天看一次短视频,也就是说每天至少看一次短视频的未成年人占 40％以上。2018 年清华大学的《知识的普惠——短视频与知识传播研究报告》中也发现抖音这个平台上粉丝过万的知识类创作者已近 1.8 万个,累计发布了超过 300 万段知识类短视频,累计播放量超过3 388 亿次。

2019 年未成年网民对互联网有依赖心理的比例较 2018 年有所降低。认为自己非常依赖或比较依赖的占17.3％,较 2018 年的 19.9％降低 2.6 个百分点;认为自己不太依赖或完全不依赖的占 44.9％,较 2018 年的 41.4％有所提升。从这点可以看出,家长对于孩子是否会沉迷于网络可以少点担心,多些信心。

从以上的调查结果来看,未成年人对于网络的使用能力在不断提高,使用网络的目的也更加多元化,但在这个文化多元的网络世界里,他们也形成了这个网络世界中他们自己的文化特色。

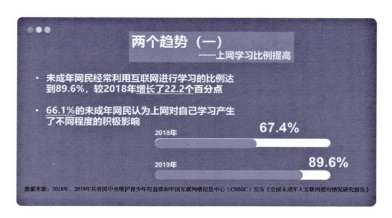

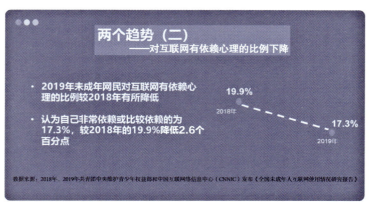

图 3－2　中国未成年人使用互联网的趋势

二、未成年人网络文化现象及原因

（一）未成年人网络文化现象

随着互联网发展，社交平台不断涌现，未成年人作为数字化的一代,逐渐成为网络文化的主体,而反映他们的精神和物质喜好的网络文化和主流文化也不断地发生碰撞和互补。近些年,较为突出的几种未成年人网络文化主要是:UGC(用户生成内容)网络亚文化、"饭圈"文化、网红文化、网络污文化等。

1. UGC 网络亚文化

近些年,带有可创作特性的 PC 端、手机端应用程序不断推陈出新,未成年人不仅是文化产品的消费者,还是网络亚文化的生产者。"边消费内容,边生产内容"的 UGC 模式出现了。这种亚文化的主要特点是:强调内容、社交为目的、内容可变现。以百度的百家号为例,百家号在 2018 年 1 月推出了一个人工智能辅助写作平台"创作大脑",这是一个帮助创作者提升创作效率和创作质量的平台。平台向所有用户开放,可以进行内容创作并发布作品,作品提交并发布后,可以通过手机百度、百度搜索、百度浏览器等多种渠道进行分发。而百家号可以根据阅读量为创作者提供广告分成、原生广告和用户赞赏等多种变现的形式。而用户在这个平台并不是以一对一的形式进行交友互动,更多地是通过聚合同类用户,找到更多的相似者、寻求共鸣者。这种亚文化的特点是未成年人对自我认同的追求的体现。

2. "饭圈"文化

"饭圈"文化,也可以称为粉丝(fans)文化。根据《人民日报》定义,粉丝是围绕相关的粉都(粉丝崇拜的对象、客体)并通过有组织的传播行为参与粉都客体的建构和群体标签的建构来满足心理需求的个人和群体的总称。[1] 简单地说,粉丝是以喜欢偶像为共同点的人群所组成的新兴群体的统称。随着互联网的日渐普及和网络社群的发展,越来越多的粉丝出现,渗透各个娱乐、文化领域,如影视界、文艺界、体育界等,粉丝文化进入了一个空前发展的时代。

在我国大多数粉丝是未成年人。粉丝身份是当代青少年的一种流行生活方式和认同标签。根据研究调查,42%的中学生自小学就开始追星,有52%的中学生追星时间在3年以上。超过半数的未成年人最崇拜的人是明星,主要是歌星、影星和体育明星。未成年人在追星时容易出现不理智的行为,这一点值得家长、教师警惕。

3. 网红文化

"网红"是"网络红人"一词的简称,最早指的是一些因独特的外貌或言行在网络上走红的普通民众,现泛指一切主要通过网络特别是社交媒体获取和维系名声的人。[2] 网

① 周珊珊. 营造健康向上的粉丝文化[N]. 人民日报,2019 - 11 - 28(05).
② 杨玲. 网红文化与网红经济[N]. 人民日报,2016 - 6 - 28(23).

红文化经历了三个阶段：最早是通过网络图片走红，第二个阶段是通过短视频蹿红，第三个阶段就是通过造星机器，例如直播平台、短视频平台等走红。到了现在，网红文化的发展也越来越宽泛，呈现的形式越来越多样，一些明星也参与进来，比如很多女明星通过新媒体发布自己的化妆视频等，一些公司，甚至老字号的店也通过新媒体推广自己，甚至故宫也有自己的短视频和微博账号，近几年又出现了明星带货直播。这种网红文化是互联网时代多元化的产物，也是一种产业关联的形式，它不仅让经济和技术相结合，让商业和文化相联系，还让很多年轻人实现了梦想。但是由于这种文化受利益驱动，必然会出现利益趋向、良莠不齐的特点，会出现一些出格、出位，甚至无底线的操作。当未成年人面对一个充斥着各类信息的网络环境时，由于他们自身的判断能力还不够强，会随意关注打赏，让他们在经济和精神上都受到损失。

4. 网络污文化

网络污文化是以网络为载体，借助语言偏离的手法，通过避免直接"开黄腔"的方式以达到社交互动、解压娱乐目的的一种属于青年群体的亚文化形式。[①] 这种文化形式简

---

① 张笑容，魏敏媛. 网络污文化：污艺不精者，以为画面唯美。你秒懂？你是老司机 [EB/OL]. 2016 - 12 - 9. https://www.huxiu.com/article/173925.html.

短易懂，以文字、图片、声音、动作等形式表达，能够让人瞬间发笑，但趣味低端丑陋，喜欢迎合低级趣味，刺激并满足人的浅层需求，过分强调了人的生物本能，从而拉低人们的精神需求层次。在网络中一些综艺节目、网络剧、社交平台都有这些污文化，甚至孩子的动画片里面也充斥着这种文化。这种文化侵蚀着未成年人的身心健康，干扰他们的学习生活。

（二）未成年人网络文化出现的动机

1. 未成年人处在自我认同形成的关键时期

青春期是建立自我认同感的关键期。埃里克森在其人格发展八阶段理论中提出了青少年期的"认同"和"认同危机"两个概念，而青少年所处的文化环境会从多方面影响青少年的自我认同，如价值观、态度、象征符号、投入等，也会影响认同的结构及发展进程。调查研究表明，媒介流行文化与个人认同、社会认同和形象认同呈显著相关。

2. 好奇心让未成年人接触网络文化

未成年人由于经济没有独立，对于单调的生活感到无趣，容易对其他人的生活方式感到好奇，会通过直播、短视频来满足自己的好奇心。这些网络文化形式也会让他们感到自己被关注，而这种关注在现实生活中是很难得到的。

3. 互联网的虚拟世界带来了众人狂欢的现象

网络技术进步给人们带来了前所未有的情感体验和消费体验,可以在虚拟世界建构新的身份。例如,直播这样的交流方式让人人都是主播,这种直播交流方式也削弱了主流意识的直播特权,建构了去中心化的直播话语空间。

三、家庭教育与未成年人网络文化

案例3-7

家庭教育案例之负面案例

(1)张先生在一家医院做后勤,每月工资3 000元左右。他有两个孩子,一个孩子已经在医院做实习医生,还有一个小女儿小花,当时11岁。有一天他准备用手机买东西时,发现银行卡里近6万元存款都被女儿悄悄花了,去银行查明细,才知她把钱都花在直播平台和几款手机游戏上了。去公安局报案,警方说这不属于诈骗,属于民事纠纷。在直播平台上,小花通过送礼物、充值成为"主播守护"等方式,给十几位游戏主播打赏。银行交易明细清单上显示,几天时间里,该账户向直播平台转账三十几次,共计5万余元。

（2）2020年有个男孩因模仿老师一度引发关注，这位男孩当时13岁，是一名初中生，他的小姨认为他模仿老师的视频挺有意思，因此把视频放在了短视频平台，结果受到网友关注。视频中，他惟妙惟肖的模仿给网友留下深刻印象。网友对他的视频也颇有争议。有网友认为不要扼杀他的创意，因为他的创意来自生活，来自现实。但也有不少网友表示，拍摄这样的视频有点不尊重老师，会带来不少负面影响，可能会煽动更多学生，会引起更大的不良社会反应。也有网友表示，可以尊重孩子的创作，但要加以引导。

（3）胡妈妈发现儿子最近有些变化，穿衣风格浮夸，耳朵打洞，并且追星，特别喜欢谈论各种摇滚歌星，甚至有一次和同学逃学去看演唱会，老师打电话来妈妈才知道，而且成绩也因为追星而下降，胡妈妈一气之下，不仅把儿子房间里的明星海报撕掉，还强迫儿子把头发剪掉，但是儿子的成绩并没有上升，反而下降得更厉害了，性格也更加叛逆，母子关系更加恶化。

通过这些案例，我们可以获得以下几点启示。

（一）未成年人打赏主播的行为背后是他们的情感需求

第一个案例中的女儿打赏主播，有多方面的因素。一方面,对情感需求的投射。这些孩子有被爱、被关注的渴望。在观看主播直播的时候,由于观赏过程中他们直接和主播面对面,容易产生自己在单独和主播对话的错觉,有种被关注的感觉。从父母身上无法获得的关爱,想从主播身上获得。另一方面,金钱观念比较淡薄。未成年人没有独立的经济来源,也没有工作的经历,如果没有进行相关的金钱、理财方面的教育,他们就会觉得充值不是什么大不了的事。

（二）在"人人是主播"的环境下父母的引导作用很重要

未成年人自我保护意识和对虚拟网络集体狂欢的认识不够,这个时候非常需要父母及时引导。第二个案例中,尽管男孩的视频走红,但由于内容引发争论,各种负面评论给孩子和父母都带来了很多困扰。父母或者长辈是这场狂欢中的主导者,由于长辈网络素养不高,使孩子处于舆论的中心,不仅影响了孩子的正常生活,还给孩子带来了心理阴影。

（三）父母在发现孩子问题时采取的方法和策略很重要

第三个案例中,母亲在知道孩子逃学、追星、成绩下滑时采取了强制措施想让孩子屈服,但适得其反,主要是妈妈不了解青春期孩子的心理需求,采取了错误方法,而不是先去理解孩子,以和孩子讨论协商的方式解决问题,导致亲子关系越来越紧张。父母需要正确看待孩子追星。孩子追星是因为他们在成长过程中需要寻找一个榜样让自己变得更加强大，这个榜样可能是公众人物，比如歌星、影星、运动员或画家，也可能是自己身边的老师和年长的学长、学姐等。

🔵 案例 3-8

家庭教育案例之正面案例

一位妈妈一边看直播一边购物，然后下了好几单。就在刚付完款准备关掉直播的时候，儿子突然凑到她身边，说："妈妈，我以后想当带货主播，可以吗？"妈妈先是一愣，没有急着反驳，而是问儿子："为什么想当带货主播呢？"儿子回答，因为这些主播现在很火，他想和他们一样出名，而且他们只在直播间里说说话，就可以赚很多钱，还能邀请好多明星。妈妈沉默了一会儿，又问了儿子第二个问题："那你想当哪种主播呢？"儿子不解地看着她。于是她翻出两张照片，一张是某知名主播近期直播的照片，另一张则是该主播成名前，蹲在隔断间里做直播的照片。妈妈说："孩子，你羡慕的，其实是那些光鲜亮丽的主播，而不是默默无闻的主播。他们的成功并不是一蹴而就的，一年 365 天，有些人足足做了 300 多场直播,从晚上 7 点直播到凌晨 1 点,凌晨 4 点才能睡觉,曾连续试了 380 支口红,最后嘴唇几乎都要裂开。而这些,还只是这些主播成名经历的冰山一角。之所以告诉你这些,并不是不认同你的想法,而是想让你知道,没有谁可以随随便便成功。"

最后妈妈还鼓励孩子,如果他能认定目标,吃下这份苦,无论他以后选择做什么,妈妈都会支持。

四、家庭教育的建议

2020 年 10 月 17 日,第十三届全国人大常委会第二十二次会议审议通过了《中华人民共和国未成年人保护法》,保护法将于 2021 年 6 月实施。立法过程中不仅确定了未成年人网络保护的具体范围,还在网络保护领域夯实了监护人作为核心责任人的地位,赋予监护人多种手段保护未成年人的上网安全。以下将根据《中华人民共和国未成年人保护法》具体谈谈父母该如何进行未成年人网络教育。

首先,监护人是未成年人网络保护最核心的角色。未成年人的成长环境各不相同,单靠技术措施难以保护未成年人,未成年人的父母或者其他监护人仍然是第一责任人。

本次修订对《中华人民共和国民法典》中规定的监护人教育保护职责进行细化,充分发挥监护人在网络保护中的积极作用,既包括正向的教育示范、引导和监督职责,例如,提高网络素养、规范自身使用网络行为、加强引导和监督的义务(第 71 条第 1 款);也包括防御性的保护职责,例如,使用网络保护软件等安全保障技术措施的义务(第 71 条第 2 款)、他人处理未成年人个人信息需监护人同意(第 72 条第 1 款),遭受网络欺凌时通知网络服务提供者采取措施(第 77 条第 2 款)。家长需要做好未成年人网络使用的"守门人"。家庭和父母为未成年人提供了上网场所、渠道和工具,家长需要对未成年人使用网络进行保护、督促和引导。

其次,作为家长要正确履行保护未成年人安全上网的职责。

(一) 接受家庭教育指导,提升网络素养

《中华人民共和国未成年人保护法》第 15 条规定:"未成年人的父母或者其他监护人应当学习家庭教育知识,接受家庭教育指导,创造良好、和睦、文明的家庭环境。"第 71 条规定:"未成年人的父母或者其他监护人应当提高网络素养,规范自身使用网络的行为,加强对未成年人使用网络行为的引导和监督。"家长只有提升自身的网络素养,才能有效地指导和监护未成年人安全上网。

（二）教育和引导未成年人养成良好的行为习惯

《中华人民共和国未成年人保护法》第16条规定，监护人要"教育和引导未成年人遵纪守法、勤俭节约，养成良好的思想品德和行为习惯""对未成年人进行安全教育""预防和制止未成年人的不良行为和违法犯罪行为"。《中华人民共和国未成年人保护法》第17条规定，监护人不得"放任未成年人沉迷网络，接触危害或者可能影响其身心健康的图书、报刊、电影、广播电视节目、音像制品、电子出版物和网络信息等"，不得"放任未成年人进入营业性娱乐场所、酒吧、互联网上网服务营业场所等不适宜未成年人活动的场所"。

（三）主动安装未成年人网络保护软件和选择适合未成年人的信息服务模式

网络内容纷繁复杂，尤其在面向各年龄段用户的网站或移动应用程序中，可能会出现不适合未成年人接触的内容。鉴于此，有必要安装未成年人网络保护软件，以及在未成年人使用的移动应用程序中选择适合未成年人的服务模式。虽然相关企业可以提供相应技术手段，但是最重要的一环还在于监护人的监督和执行。

（四）处理不满14周岁未成年人个人信息应征得监护人同意

不当使用甚至泄露未成年人的个人信息会带来安全问

题。《中华人民共和国未成年人保护法》第 72 条赋予监护人知情同意权，还有权要求服务提供商更正、删除未成年人的个人信息。由此，对于未成年人的个人信息，监护人拥有全权的管理权限。

（五）对网络欺凌行为要求服务提供商采取必要措施

网络欺凌对未成年人身心伤害巨大，《中华人民共和国未成年人保护法》第 77 条授权监护人可以通知网络服务提供者采取删除、屏蔽等措施，制止网络欺凌行为。

参考文献

［1］EasyUX.学习时间管理自我总结［EB/OL］.2016－7－11.https：//www.jianshu.com/p/3118ac80d785.

［2］蔡莲.视频三五十五真的是太难了案例分析［EB/OL］.2018－6－30，https：//max.book118.com/html/2018/0618/173298414.shtm.

［3］雷琼.不要错过你的天才孩子［M］.北京：化学工业出版社,2019.

［4］李冬梅.妈妈给儿子的便条儿［J］.青年博览,2011（23）：21.

［5］刘宇航.观看视频《三五十五真的是太难了》反思［EB/OL］.2014－5－22.http：//blog.sina.com/s/blog_43a620340101szrf.html.

［6］邱建萍.“互联网＋”时代下家庭教育的困惑与建议［J］.课程教育研究,2020.

［7］佚名. 孩子怎样才能学习好解决孩子学习没有方向的5种方法［EB/OL］. 2017－9－18. https：//toutiao. sanhao. com/m/news-detail-19735. html.

［8］佚名. 学习方法：六种高效的学习［EB/OL］. 2019－7－17. https：//www. xuexila. com/way/c55268. html.

参考文献

后记

　　心理疏导和家庭教育个案咨询做得久了，对芸芸众生便有了更直观和深刻的体验。我经常跟身边人感慨人类生命的韧性。没有做过个案咨询的人大概不能理解，很多被父母亲送来求助的孩子，他们生命情感中经历了多少不必要的、没来由的、莫名其妙的"爱的伤害"。爱怎么会伤害人呢？仔细想想，你发过的最大的脾气和火气是不是冲着你爱的人去的？你的很多纠结和愤懑是否来自那个爱你的人？

　　我们被自己的情绪左右，太多的家长在家庭教育过程中被自己的情绪掌控，以至于失去了判断是非曲直的能力。是家庭教育的困境让家长们更焦虑，还是家长们的焦虑让家庭教育一步步陷入困境？这个问题值得思考，应该是二者互为因果，伴生而长。

　　本套丛书五个分册，基本涵盖了家庭教育中可能出现的困难要素。对家庭教育指导服务的实践者来说,经常出现好比盲人摸象的情形。很多指导工作者热衷于某一种心理学的临床技术或者流行的方法,动辄对出现厌学行为或者自我妨碍行为的孩子进行心理测评,把心理咨询和治疗当作化解教育问题的万灵药,这是一种令人忧虑的现象。稍有疑惑就上医院接受诊断,实际上可能只是触摸到了造成孩子不如人意之行为表现的一部分原因,甚至可能本末倒置、缘木求鱼。让一个孩子产生生命轨迹变形的原因不会那么单一,往往都是多重原因组合起来才发生了令人惋惜的变化。

盲人摸象式的关心,看起来大家都很重视孩子们的心理健康,实际上是大家都很紧张孩子们的心理健康。紧张不等于重视。重视孩子们健康成熟人格的发展,往往并不在于你为孩子做了什么事情,而是取决于你为孩子做对了什么事情。

每一个家长都有责任反思自己:"我为孩子创造了怎样的家庭文化氛围?我为孩子的身心发展提供了哪些支持?我为孩子实施了怎样的家庭学习管理?我为孩子创设了怎样的家庭人际关系?我为孩子发掘了怎样的社会支持?"这五个问题,就是我们五个分册的核心:家庭文化影响了家庭教育,家庭教育必须吻合孩子身心发展,学习管理成就孩

后记

子的学习效能,家庭关系左右着孩子的心理动力,社会发展的公共服务要真正有助于家庭教育。

很遗憾,对于这五个问题,有些家长一个也回答不了,他们这些方面都没有做好。自己做不好的,却要求孩子做好;自己一直在生产负面能量,却要求孩子的生命仓库里有阳光。这实在是一种困难。这就是我们今天碰到的家庭教育的困难。家长们需要学习和提高,孩子们需要拥有更好的家庭成长环境。

因为和上海开放大学王伯军副校长谈论过家庭教育指导的实践,我便接受了主编这套丛书的任务,对此我感到很荣幸,也倍感责任重大。丛书从立项到正式出版,只用了半年多的时间。能够在这么短的时间内完成,要感谢上海开放大学王伯军副校长,上海市教育委员会江伟鸣调研员和上海开放大学非学历部王松华部长、姚爱芳副部长四位领导和其他工作人员的大力支持。同时要感谢丛书每一位编写人员,特别是孙传远、陈小文、张竹林和丁敬耘四位同志,除了完成各自负责章节的编写,他们还分别承担了本丛书中的《家庭文化与家庭教育》《家庭关系与家庭教育》《学习管理与家庭教育》和《社会发展与家庭教育》的主编任务。丛书编写之初,我们分别召集五个分册的编写人员召开了小组研究交流活动,统一了思想观点和实操认知。每一分册都由至少四位编写人员通力合作来完成。术业有专攻，家庭教育涉及诸多方面，我们编写团队发挥各自的优势，相互补充和完善，很好地完成了编写方案，实现了预期目标。

书中大部分案例都来自编写者在家庭教育指导领域的实践，对案例主人公进行了必要的个人信息模糊化；其中比较详尽呈现的案例，不仅作化名处理，还特意征询了实际当事人的意见，征得了他们的同意。这套丛书的出版，也要感谢那些曾经向我们求助如今支持我们的家长朋友们。

"家庭教育指导丛书"的出版，还要感谢上海远东出版社张蓉副社长和她领导的编辑团队，他们为丛书的设计和出版付出了辛勤的劳动和智慧。

作为主编，我参与了每一分册的编写，深知每一本书里都饱含作者深深的感情和思想，搁笔之际，倍感留恋。再次对每一位编写者表达真诚的敬意，并代表全体编写人员表达我们共同的心愿：愿本丛书能给千百万家庭带去温馨、力量和阳光。

相旭东

2021 年 5 月 15 日于茸城半日轩

后记